"双一流"战略下河北省高水平大学建设研究

李明忠 等 ◎ 著

河北省高等学校青年拔尖人才计划项目"河北省建设高水平大学研究"（BJ2016064）
河北省博士后科研择优资助项目"'双一流'战略下河北省高水平大学建设研究"（B2016001010）
河北省社会科学基金项目"区域特色研究型大学建设研究"（HB15JY082）
河北省社会科学基金委托项目"扛住'双一流'建设中存在问题 实现我省高等教育内涵式发展对策研究"（HB2017WT035）

科学出版社
北京

内 容 简 介

本书以"双一流"战略为时代背景,以河北省为个案,坚持理论探讨与实证调查相结合、整体分析与个案剖析相结合的研究思路,重点探讨河北省深入推进"双一流"建设的现状、问题及对策。

本书主要分为理论维度、实践维度、学科维度三个部分。理论维度部分主要围绕地方政府竞争与地方高水平大学建设之间的关系展开分析,以地方政府竞争理论、区域优势理论为理论基础,为地方政府积极参与"双一流"建设和高水平大学建设构建分析框架。实践维度部分主要从省级政府和高校两个层面重点探讨河北省"双一流"建设现状与存在的问题,在与其他省份"双一流"和高水平大学建设情况进行比较的基础上,提出合理的对策建议。学科维度部分主要探讨高等教育研究在"双一流"建设中的咨政作用和积极影响,并围绕河北省高等教育研究的现状与提升策略进行详细分析,力争为河北省"双一流"建设的重大决策和深入实施提供智力支持。

本书可供教育学、管理学等相关学科的研究生和科研人员以及教育行政部门或高校相关工作人员参阅。

图书在版编目(CIP)数据

"双一流"战略下河北省高水平大学建设研究 / 李明忠等著. —北京:科学出版社,2021.12
ISBN 978-7-03-070825-0

Ⅰ. ①双… Ⅱ. ①李… Ⅲ. ①高等学校-教育建设-研究-河北 Ⅳ. ①G649.2

中国版本图书馆 CIP 数据核字(2021)第 260647 号

责任编辑:朱丽娜 黄雪雯 高丽丽 / 责任校对:郑金红
责任印制:张 伟 / 封面设计:润一文化

科 学 出 版 社 出版
北京东黄城根北街 16 号
邮政编码:100717
http://www.sciencep.com

北京虎彩文化传播有限公司 印刷
科学出版社发行 各地新华书店经销
*
2021 年 12 月第 一 版　开本:720×1000　B5
2021 年 12 月第一次印刷　印张:12 1/4
字数:221 000
定价:88.00 元
(如有印装质量问题,我社负责调换)

前　言

"双一流"（世界一流大学和一流学科）是党中央、国务院作出的重大战略决策，将对我国高等教育发展格局产生至关重要的深远影响。"双一流"战略启动后，各省份从各自实际出发，先后制定并出台了具有区域特色的"双一流"建设方案，旨在统筹推动区域内特色高水平大学和优势学科建设。目前，河北省的高等教育现状为高等教育规模大但质量不高、高校数量较多但高水平大学少、优质高等教育资源在全国排名靠后等，面对国家"双一流"战略带来的重要时代机遇、各省份相继出台高水平大学建设政策带来的较大外部压力和紧迫性、京津冀协同发展战略推进中河北省经济结构调整与发展对高等教育质量的现实需求，建设高水平大学自然而然地成为河北省建设高等教育强省（简称高教强省）、实现高等教育内涵式发展的迫切要求。因此，"'双一流'战略下河北省高水平大学建设研究"是河北省积极应对"双一流"战略、建设高教强省以及推进高等教育内涵式发展的一项时代课题和重要使命，本书主要分理论维度、实践维度、学科维度三个部分对此进行深入分析。

理论维度部分运用地方政府竞争理论，分析"双一流"战略下地方政府竞争与地方高水平大学建设的关系。地方的"双一流"建设效果直接关系着国家"双一流"建设的整体成效。国家"双一流"建设的战略定位、省级政府高等教育统筹权的扩大、区域社会经济发展的需求、地方政府官员的晋升考核促使地方政府积极参与到"双一流"建设竞争中。其中，高水平大学或一流大学建设是"双一流"建设的重中之重，是建设高教强省的关键，因为以高水平大学建设为龙头，能有效带动一个地区高等教育质量与水平的整体提高。因此，明确地方高水平大学的概念和核心要素，既是各地方政府深入推进"双一流"战略、建设高教强省的重要前提，也是地方高校积极应对"双一流"战略、推进内涵式发展的重要内容。

实践维度部分重点考察河北省"双一流"建设现状与存在的问题，并提出相应的对策建议。从省级政府和高校两个层面对河北省"双一流"建设现状进行调研，深入剖析其中存在的问题，在借鉴学习其他省份"双一流"建设和高水平大学建设的相关经验的基础上，提出合理的对策。一方面，在省级政府层面，高水平大学建设不是某所高校的"单兵突进"，而是需要依靠全省整个高等教育体系的"群体崛起""梯队跟进"。因此，河北省要想尽快实现从高教大省向高教强省的转变，关键是要构建科学合理的高等教育结构，形成一流的高等教育体系。另一方面，在高校层面，以河北省"双一流"建设中4所一层次高校（河北大学、河北工业大学、燕山大学、河北师范大学）为例，从办学目标、学科建设、师资队伍三个方面对其进行分析，以进一步了解"双一流"建设背景下河北省高水平大学的建设进展及存在的问题，并提出相应的对策建议。

学科维度部分围绕高等教育研究在高等教育改革发展中的作用展开，主要包括河北省高等教育研究的现状分析与提升策略、高等教育研究在河北省"双一流"建设中发挥决策咨询作用的典型案例两个方面。其一，河北省"双一流"建设中面临的一系列重大问题，急需高等教育研究提供专业支持和智力支持。在详细调研河北省高等教育研究现状、剖析河北省高等教育研究中存在的问题的基础上，该部分提出了河北省高等教育研究需要进一步加强智库建设、提升研究水平、增强服务能力的具体策略，对河北省建设高教强省、实现高等教育内涵式发展具有重要意义。其二，呈现了获得时任河北省副省长徐建培和河北省委常委、宣传部部长田向利肯定性批示的咨询报告，这是高等教育研究在"双一流"建设中发挥社会效益和实践价值的最好体现，充分彰显了高等教育研究的咨政作用和高等教育研究专业人员的智囊角色。

目 录

前言

导论

第一编 理论维度:"双一流"战略下地方政府竞争行为与地方高水平大学建设

第一章 "双一流"建设中地方政府竞争行为的考察 ······15

  第一节 地方政府积极参与"双一流"建设竞争的动力 ······15

  第二节 地方政府"双一流"建设政策文本中的发展策略 ······19

  第三节 地方政府"双一流"建设实践中的竞争策略 ······30

  第四节 对地方政府"双一流"建设走向良性竞争的思考 ······35

第二章 "双一流"建设中地方高水平大学的概念界定与核心要素 ······40

  第一节 地方高水平大学的概念界定 ······40

  第二节 地方高水平大学的核心要素 ······49

第二编 实践维度：河北省"双一流"建设中存在的问题与对策建议

第三章 河北省建设高教强省面临的问题及相应的对策·················55
第一节 高教强省的内涵与特征·················55
第二节 河北省建设高教强省的必要性·················57
第三节 河北省建设高教强省面临的问题·················60
第四节 河北省高教强省建设的有效对策·················65

第四章 河北省一流大学建设的问题与对策
——以河北省4所"双一流"建设一层次高校为例·················70
第一节 河北省一流大学建设的现状分析·················70
第二节 河北省一流大学建设中存在的问题·················78
第三节 河北省一流大学建设的有效对策·················85

第五章 河北省一流学科建设的问题与对策·················92
第一节 河北省一流学科建设的现状分析·················92
第二节 河北省一流学科建设中存在的问题·················95
第三节 河北省一流学科建设的有效对策·················101

第六章 河北省一流大学师资队伍建设的问题与对策
——以河北省4所"双一流"建设一层次高校为例·················109
第一节 河北省一流大学师资队伍建设的现状分析·················109
第二节 河北省一流大学师资队伍建设存在的问题·················116
第三节 河北省一流大学师资队伍建设的有效对策·················119

第三编　学科维度：高等教育研究与河北省"双一流"建设

第七章　河北省高等教育研究的现状分析与提升策略……123
　　第一节　河北省高等教育研究存在的问题……124
　　第二节　河北省高等教育研究水平有效提升的对策建议……130

第八章　高等教育研究发挥决策咨询作用的典型案例
　　——抓住"双一流"建设中存在的问题　推动河北省高等教育
　　内涵式发展……137
　　第一节　河北省推进"双一流"建设存在的主要问题……138
　　第二节　河北省推进"双一流"建设的对策建议……143

附录
　　《统筹推进世界一流大学和一流学科建设总体方案》……148
　　《河北省人民政府关于统筹推进一流大学和一流学科建设的意见》……156
　　《河北工业大学一流学科建设高校建设方案（精编版）》……162
　　《燕山大学一流大学和一流学科建设方案（试行）》……179

后记……187

导　　论

一、选题缘由

国务院于2015年10月颁布《统筹推进世界一流大学和一流学科建设总体方案》，决定实施"双一流"战略。为贯彻落实党中央、国务院关于建设世界一流大学和一流学科的重大战略决策，教育部、财政部、国家发展和改革委员会于2017年1月制定并出台了《统筹推进世界一流大学和一流学科建设实施办法（暂行）》，标志着"双一流"建设步入一个新的发展阶段。作为国家重大战略决策，"双一流"是提升我国高等教育水平新的标志性工程，将对我国高等教育发展格局产生至关重要的深远影响。面对"双一流"战略带来的挑战和机遇，各省份从各自实际出发，先后制定并出台了具有区域特色的"双一流"建设方案，旨在统筹推动区域内特色高水平大学和优势学科建设，以及深入推进"双一流"建设。由此可见，地方的"双一流"建设效果直接关系着国家"双一流"建设的整体成效。

（一）"双一流"战略为各省份建设高水平大学提供了重要机遇

第一，科教兴国战略和高教强国战略实施以来，国家先后启动了"211工程""985工程"等高水平大学和重点学科建设项目，在国家重点支持政策的推进下，一批基础条件好的高校迅速向世界一流大学和一流学科发展，但大多数地方高校未进入这些建设项目。《统筹推进世界一流大学和一流学科建设总体方案》指出，"211工程""985工程"等重点建设项目"存在身份固化、竞争缺失、重复交叉等问题"。这些问题不但成为地方高校难以跨越的制度障碍，更造成高校之间的两极分化。"双一流"是在"211工程""985工程"的基础上进行的，在继承以往成功经验的基础上，对其不足方面予以了改进和完善，诸如"建立激励约束机制，鼓励公平竞争""在公平竞争中体现扶优扶强扶特"①，试图通过引入竞争机制打破身份固化，避免重复交叉，为地方高校尤其是担当省属高校"排头兵"的地方高水平大学的发展提供新的机遇和可能。

第二，要建设高等教育强国，就要形成协调健康的高等教育体系和科学合理的高校分类体系。我国高等教育发展的目标之一是形成一流的高等教育体系，建设高等教育强国，"双一流"战略只是我国高等教育整体发展战略的重要组成部分，正如中国高等教育学会原会长瞿振元所说："'双一流'是建设高教强国的一部分，但不是全部。"②建设高等教育强国必须有世界一流大学和一流学科，但仅有世界一流大学和一流学科，并不等于高等教育强国。由此可知，建设有中国特色、世界水平的现代高等教育体系是建设高等教育强国的重要部分。在这样的高等教育强国体系中，每所高校都要有自己的定位和特色，都要并且可以争创一流。《国家中长期教育改革和发展规划纲要（2010—2020年）》明确提出，要"引导高校合理定位，克服同质化倾向，形成各自的办学理念和风格，在不同层次、不同领域办出特色，争创一流"。《统筹推进世界一流大学和一流学科建设实施办法（暂行）》要求，"省级政府应结合经济社会发展需求和基础条件，统筹推动区域内有特色高水平大学和优势学科建设，积极探索不同类型高校的一流建设之路"。因此，"双一流"战略为全国不同类型的高校营造了公平公正的发展环境，有利于地方高校积极探索创建有特色的一流大学的发展道路。

（二）其他省份出台的高水平大学建设政策给河北省带来较大的外部压力

是否拥有高水平大学或一流大学是衡量一个地区高等教育质量和综合竞争力的重要标志。一方面，自国家启动"双一流"战略后，各省份为有效对接这一战略，从本地区经济社会发展的实际出发，先后制定并出台了具有区域特色的"双一流"建设方案，如广东启动了"7+7"区域高水平大学和一流学科

---

① 国务院. 国务院关于印发统筹推进世界一流大学和一流学科建设总体方案的通知[EB/OL]. (2015-11-05). http://www.moe.gov.cn/jyb_xxgk/moe_1777/moe_1778/201511/t20151105_217823.html.

② 王鑫昕. 瞿振元："双一流"是建设高教强国的一部分，但不是全部[N]. 中国青年报，2016-11-10（3）.

打造计划,浙江实施了"省重点高校建设计划"和"一流学科建设计划",宁夏提出了建设"西部一流大学和一流学科"的目标,上海、湖北、辽宁等地通过探索制订省属高校合并重组方案进一步优化高等教育结构、提升高等教育质量。各省份通过优化高等教育结构、加大经费投入力度、创新支持方式等形式,为地方高校尤其是地方高水平大学的转型发展明确了新的内涵和发展动力。另一方面,随着不同省份经济结构转型、高教强省战略推进以及省际政府竞争的日益激烈,高等教育规模和质量成为地方政府竞争的重点,省级政府层面和高校层面的诉求均使得地方高校推进内涵式发展、注重办学质量、提高核心竞争力变得日益重要和迫切。其中,高水平大学建设是高教强省的关键。①《河南日报》甚至以《国家"双一流"建设,河南不能再缺席了!》为题进行报道,充分反映了河南省在"双一流"战略中的决心和渴望②;广东省更是安排50亿元专项资金用于高水平大学建设③。广东、江苏、浙江、上海、湖北、河南等省份通过不断探索和创新高等教育发展模式,积极引进国内外高水平大学的建设经验,来提升各自的高等教育综合实力、人才培养质量以及体制机制改革实效,最终达到高教强省的目标。例如,本来高等教育存在短板的浙江、河南等省以及深圳、青岛等市,通过积极创建大学城、与中外高水平大学合作设置研究院或开设分校、建设特色大学或学院,不断推进高等教育跨越式发展,一跃成为高等教育高地。由此来看,其他省份出台的高水平大学建设政策以及一系列实践探索为河北省建设高水平大学带来了较大的外部压力和紧迫性。

(三)建设高水平大学是河北省建设高教强省、实现高等教育内涵式发展的迫切要求

目前,河北省的高等教育现状为高等教育规模大但质量不高、高校数量较多但高水平大学少、优质高等教育资源在全国排名靠后,无一所教育部直属高校、无一所"985工程"高校,仅有一所"211工程"高校、仅有一所"双一流"建设高校。一方面,随着河北省高教强省战略的推进和京津冀协同发展

---

① 陈杰,徐吉洪.高等教育强省视阈下的地方高水平大学建设[J].国家教育行政学院学报,2015(11):3-9.
② 李树华.国家"双一流"建设,河南不能再缺席了![N].河南日报,2017-02-15(7).
③ 广东省教育厅.2015年全省教育工作会议召开[EB/OL].(2015-02-06).http://www.gd.gov.cn/gdgk/gdyw/201502/t20150206_209084.htm.

战略的实施，河北省高校推进内涵式发展、提升办学质量和核心竞争力变得日益重要和迫切。另一方面，河北省与高等教育发达省份相比，优质教育资源原本就少，理应利用"双一流"建设的契机重点建设一批高水平大学，实现跨越式发展。

《河北省中长期教育改革和发展规划纲要（2010—2020年）》明确提出："到2020年，全省高等教育整体实力和办学水平显著提高，人才培养、科学研究和社会服务能力全面提升，建成2—3所国内知名的高水平大学，向高等教育强省迈进。加快高水平大学和强势特色学科建设。"[①]《河北省人民政府关于统筹推进一流大学和一流学科建设的意见》指出："到2020年，3所左右大学达到或接近国家一流大学水平，一批学科进入国家一流学科行列，个别学科进入世界一流学科行列。到2030年，若干所大学进入国家一流大学行列，更多学科进入国家一流学科行列，10个左右学科进入世界一流学科行列，我省高等教育整体实力显著提升。到本世纪中叶，有高等学校达到或接近世界一流大学水平，更多学科进入世界一流学科行列，国家一流大学和一流学科的数量显著增加，基本建成高等教育强省。"[②]由此可见，河北省要实现从高教大省向高教强省的转变，关键在于加大高水平大学建设力度，遴选一批符合河北省经济产业与人才结构需求、具有较高办学水平的高校进行重点建设。所以，重点建设一批高水平大学，充分发挥其示范引领作用，加快提升全省高等教育综合实力和发展水平，成为河北省政府和河北省高校的一项时代课题和重要使命。

本书正是在这一现实背景下展开讨论的，通过深化对地方高水平大学的理性认识，详细分析河北省"双一流"建设成效及存在的问题，为河北省深入推进"双一流"建设以及高教强省建设提供有效的理论指导和行动参考。

二、研究意义

本书具有重大的理论价值和实践价值，主要表现在以下两个方面。

第一，学者虽然对世界一流大学、高水平大学已具有一定的理论认识，

[①] 河北省教育厅. 河北省中长期教育改革和发展规划纲要（2010—2020年）[EB/OL]. （2011-03-01）. http://hebei.hebnews.cn/2011-03/01/content_1688747.htm.

[②] 河北省人民政府办公厅. 河北省人民政府关于统筹推进一流大学和一流学科建设的意见[EB/OL]. （2016-05-23）. http://cxxd.tsgzy.edu.cn/col/1509448334514/2016/05/23/1509703847150.html.

但针对如何在"双一流"战略以及高教强省视域下建设高水平大学，还未能提出界定清晰、特色鲜明、可以指导实践的建设内涵与目标。本书详细归纳和分析了地方高水平大学的内涵和特征，紧扣"地方""区域""特色""高水平"，提出了"世界知名、中国一流、区域特色"的办学定位，旨在明晰地方高水平大学建设的理念和目标，不仅丰富了有关大学分类的理论认识，而且为河北省高水平大学建设提供了理论基础和行动指引。

第二，深入剖析河北省"双一流"建设中存在的问题，在比较、学习高等教育发达省份"双一流"建设经验的基础上，提出河北省深入开展"双一流"建设和高水平大学建设的有效对策，希望能为河北省高水平大学建设提供科学合理的咨询建议并从政策层面有效指导实践，实现研究成果的社会效益和实践价值，体现出较强的现实针对性、政策导向性和实践操作性，并具有一定的推广应用价值。

三、相关文献述评

围绕本书主题，笔者主要从两方面进行了文献梳理：一是"双一流"建设的相关研究；二是地方高水平大学建设的相关研究。

（一）"双一流"建设的相关研究

《统筹推进世界一流大学和一流学科建设总体方案》出台后，"双一流"建设的相关研究也随之升温。学者的研究主要集中在"双一流"建设理念、可能误区与对策、"双一流"建设需处理的若干关系等方面。

第一，关于"双一流"建设理念的研究。该方面的研究主要体现在以下几个方面：建立中国一流大学标准、采用分类推进策略、理性使用大学排名、指向社会公正目标、促进区域均衡发展等。[1]例如，吴合文提出，"双一流"作为高等教育系统的一部分，必须扎根世界一流高等教育体系，遵循多样开放、有序竞争、公平正义、服务区域等系统价值，兼顾公平与效率，引导不同类型和层次高校的发展。[2]

---

[1] 王洪才."双一流"建设的内在逻辑审视——论"双一流"建设必须实现的四个逻辑转变[J]. 河南师范大学学报（哲学社会科学版），2017（3）：144-150.
[2] 吴合文."双一流"建设的系统审思与推进策略[J]. 高等教育研究，2017（1）：29-36.

第二，关于"双一流"建设的可能误区与对策。该方面研究可能陷入的误区主要集中在以下几个方面：单独依靠学科评估结果，盲目裁撤学科，导致学科生态失衡的误区；仅仅围绕大学排名、论文数量等量化指标的误区；一味模仿国外大学表面现状，而忽视深层次制度内涵建设的误区；重人才引进、轻培养，忽视人才梯队建设的误区。针对这些可能的误区，学者所提出的对策包括：构建符合学术发展逻辑的现代大学制度，重视制度体系和制度能力建设；政府简政放权，加强大学办学自主权；多主体参与人才引进，且坚持引进与培养并重，重视中青年学者的培养与团队建设；理清学科与专业之间的内涵与关系，推进学科专业课程建设一体化。[①]

第三，关于"双一流"建设需处理的若干关系。其一，"双一流"建设与高等教育综合改革的关系。学者提出"双一流"建设应该与高等教育综合改革同步推进，高等教育综合改革既是"双一流"建设的重要任务，也是推进"双一流"建设的关键。例如，周光礼认为，"双一流"建设需突破体制、管理、技术三重障碍，而体制改革是前提。[②]赵继、谢寅波认为，"双一流"建设应成为新一轮高等教育改革的引擎，以改革的思维引领建设，充分体现改革与建设相结合的思路。[③]其二，"双一流"建设与以往重点高校建设政策的关系。从中央层面看，"双一流"建设方案是对以往重点建设政策的重新调整、创新整合、延续和调适。[④]从地方层面看，"双一流"建设呈现出立足地方、服务地方的鲜明导向，是对高教强省理念下系列政策的整合创新。中西部地区希望"双一流"建设能够与以往实施的中西部高等教育振兴计划、省部共建、对口支援等相结合。[⑤]其三，"双一流"建设与地方高校发展的关系，主要集中在两个方面：一是地方政府需在"双一流"建设过程中发挥协调作用，出台地方层面的配套政策与措施[⑥]；二是"双一流"建设为地方高校的内涵发展、转型发展和跨越发展提供了政策机遇，地方高校应积极参与"双一流"建设，统筹

[①] 阎凤桥．我国高等教育"双一流"建设的制度逻辑分析[J]．中国高教研究，2016（11）：46-50；罗向阳．"双一流"建设：误区、基点与本土化[J]．现代教育管理，2016（10）：12-17.

[②] 周光礼．"双一流"建设的三重突破：体制、管理与技术[J]．大学教育科学，2016（4）：4-14，122.

[③] 赵继，谢寅波．"双一流"建设需要关注的若干问题[J]．中国高等教育，2017（6）：41-42.

[④] 刘海峰．"双一流"建设的继承、创新与推进[J]．高等教育研究，2021（1）：1-7.

[⑤] 徐吉洪．从省部共建到部省合建：我国中西部高水平大学建设的理念创新与制度变革[J]．高等教育研究，2019（1）：1-11.

[⑥] 崔海丽．"双一流"建设中的地方政府竞争行为分析[J]．江苏高教，2018（6）：17-22，87.

学科布局，发挥特色学科优势，在服务区域创新体系中争创一流[①]。其四，"双一流"建设与评价体系的关系，主要体现在三个方面："双一流"建设需引入国际标准，建立学科国际评估、专业认证体系等[②]；在"双一流"评价中需谨慎看待具有商业行为的大学排名，引导建立多维大学排名系统，将排名与效能监测、问责相结合[③]；统筹本土性标准与国际性标准，构建多元的分类评价体系[④]。

综上可知，关于"双一流"建设的相关研究成果已较为丰富，主要呈现三方面的特点：第一，已有研究涉及"双一流"建设的多个方面，充分说明"双一流"建设的内涵十分丰富。其中，建设理念、与高等教育综合改革的关系、与以往重点高校建设政策的关系等方面，为本书提供了重要参考。第二，"双一流"是一项系统工程，其建设需要配套的政策措施，同时也应该警惕陷入数字化、指标化的误区，处理好配套政策与不同政策之间的衔接是重中之重。第三，地方"双一流"建设作为高教强国建设的主体，其实施效果最终会关系到"双一流"建设的整体成效。从地方政府竞争等理论层面系统审视地方"双一流"建设的政策效应和实际成效是本书的重要内容。

（二）地方高水平大学建设的相关研究

通过搜集与整理国内外关于世界一流大学、研究型大学、高水平大学等方面的研究文献发现，相关研究现状与趋势主要集中在以下三个方面。

第一，关于高水平大学的分类及研究视角。学者分别从三种视角研究高水平大学：其一，国际比较视角，主要以欧美发达国家的一流大学为研究对象，不过近年来日本、韩国等亚洲国家的高水平大学及发展中国家的高水平大学也开始得到学者的关注，相关研究成果为本书提供了重要的国际视野；其二，多种区域视角，主要以区域高水平大学、中西部高水平大学、欠发达地区高水平大学、地方高水平大学为研究对象，多以宏观思辨的研究成果为主，缺乏专门讨论河北省高水平大学的研究成果；其三，不同层次、类型或隶属关系

[①] 王钱永，任丽清."双一流"建设视角下地方高校区域创新能力建设[J]. 中国高教研究，2016（10）：38-42.
[②] 周光礼."双一流"建设中的学术突破——论大学学科、专业、课程一体化建设[J]. 教育研究，2016（5）：72-76.
[③] 吴合文."双一流"建设的系统审思与推进策略[J]. 高等教育研究，2017（1）：29-36.
[④] 赵继，谢寅波."双一流"建设需要关注的若干问题[J]. 中国高等教育，2017（6）：41-42.

的视角,主要以"985工程"大学、"211工程"大学、高水平行业特色大学为主,相关研究成果对本书具有重要参考价值。[①]

第二,关于高水平大学建设的主要内容和维度。从宏观层面来看,学者主要围绕大学的人才培养、科学研究、社会服务、文化传承与创新四大职能展开;从微观层面来看,已有研究主要集中在高水平大学的办学理念、核心要素、组织制度、资金支持、评估体系等方面。[②]虽然学者取得了丰富的研究成果,但如何创建具有区域特色的一流大学或高水平大学依然是一项重要研究课题。

第三,关于高水平大学的基本特征及建设策略。学者归纳提炼出了高水平大学的核心特征,深化了对高水平大学的理性认识,并提出了高水平大学建设的可行策略,主要集中在以下几个方面:树立独特的办学理念;建立和完善国家、地方、高校有效配合的制度保障体系;重视重点学科、特色学科、优势学科建设;重视师资队伍水平的提高;重视人才培养模式的创新;注重与区域社会经济的融合;多元的筹资经费渠道;提升办学国际化水平;等等。[③]

综上可知,已有研究呈现出以下特点:其一,研究热点是关于研究型大学、世界一流大学、高水平大学的研究,且这些研究经历了从介绍国外先进经验到归纳国内实践探索、从概念辨析到制度创新、从模仿欧美到本土建构的转变。其二,虽然有关于一个省份或地区的高水平大学、特色大学的研究,但数量还较少,也不系统,亟待加强这方面的研究。其三,各省份开展的新一轮高水平大学建设,以"国内一流、世界知名"的研究型大学为目标,目前仍处于探索阶段,亟待增加理论分析深度和相关案例的研究。

[①] 翟亚军,王战军. 解析高水平大学[J]. 复旦教育论坛,2010(2):54-57;方泽强,刘红鸽. 区域高水平大学:内涵、指向与方略[J]. 山东高等教育,2016(2):15-21;徐高明. 省域高水平大学建设:内涵、动因及路径[J]. 中国高教研究,2017(1):38-43.

[②] 朱恪孝. 经费结构视角:地方高水平大学面临的挑战及发展机遇[J]. 中国高教研究,2008(7):36-39;张立彬."区域特色、全国一流":地方高水平大学办学目标定位及其路径选择——以浙江工业大学建设地方高水平大学为例[J]. 中国高教研究,2013(5):68-73;刘海燕,许士荣. 我国地方高水平大学建设的现状、困境与路径[J]. 浙江工业大学学报(社会科学版),2014(3):261-266,326.

[③] 郭广生. 地方高水平大学建设面临的困境与改进路径[J]. 中国高校科技,2011(12):4-7;钱小龙,汪霞. 江苏高水平大学建设的问题与对策[J]. 扬州大学学报(高教研究版),2014(5):12-17,46;钟院生. 广东建设高水平大学研究报告[J]. 高教探索,2015(6):33-36;鞠斐扬. 联动与协同:省域高水平综合性大学"双一流"建设路向探论[J]. 黑龙江高教研究,2017(7):88-91.

四、理论基础

基于我国地方高校在隶属关系上主要归属于各省级政府或地市级政府，本书中的"地方政府"主要指省级政府，适当涉及地市级政府。本书重点关注"双一流"建设背景下，各地方政府围绕区域特色高水平大学建设对各类资源要素与制度创新所进行的努力与竞争。因此，地方政府竞争理论与区域优势理论成为"双一流"建设背景下各地方政府建设高水平大学的重要理论基础。

（一）地方政府竞争理论

地方政府竞争源于加拿大学者阿尔伯特·布雷顿（Albert Breton）提出的竞争性政府的概念[1]，随后德国学者何梦笔（Carsten Herrmann-Pillath）将其进一步演化拓展[2]。借鉴他们的观点，我国比较早且具有代表性地提出地方政府竞争的学者是冯兴元，他最初提出的政府间竞争的概念是广义上的，即政府之间通过直接与间接、横向与纵向的途径，围绕有形和无形资源展开竞争，在很大程度上主要表现为制度竞争或体制竞争。[3]后来，他又进一步明确提出地方政府竞争的概念：从广义的范畴理解，地方政府竞争是指涉及地方政府参与其中的政府竞争，包括地方政府参与其中的政府间的、政府内的、政府内外之间的竞争；从狭义的范畴理解，地方政府竞争主要指政府间的竞争，即市场经济背景下，各地方经济体中的政府和其他行为主体通过设计一系列竞争策略（包括制度环境、政策、区位、营销等），围绕吸引具有流动性的要素、提高本地产品的竞争力、增加外销市场份额而展开竞争，以增强各地方经济体的总体竞争力和收入。[4]之后，其他学者关于地方政府竞争的理论分析与实证研究主要是在狭义范畴内展开的。整体来看，相关研究成果主要集中在政治学和经济学领域。

我国地方政府竞争的动力主要源于行政性与财政性的分权改革、地方政

---

[1] Breton A. Competitive Governments: An Economic Theory of Politics and Public Finance[M]. Cambridge: Cambridge University Press, 1996.

[2] Herrmann-Pillath C. 政府竞争：大国体制转型的理论分析范式[J]. 陈凌, 译. 广东商学院学报, 2009（3）: 4-21.

[3] 冯兴元. 中国辖区政府间竞争理论分析框架[R]. 北京：天则经济研究所内部文稿, 2001.

[4] 冯兴元. 地方政府竞争：理论范式、分析框架与实证研究[M]. 南京：译林出版社, 2010: 5.

府官员的考核机制以及所管辖区域社会公众的舆论压力。一方面，在市场经济不断完善的进程中，分权改革的不断推进使地方政府逐渐成为相对独立的利益主体，并对本地区资源拥有相对自主的调控权①，进而导致地方政府之间的竞争不断涌现且日益激烈。另一方面，我国地方政府官员的晋升激励机制、上级政府对下级政府官员晋升考核的绩效评估以及官员的任期期限等，进一步强化了地方政府之间的竞争。周黎安在分析地方政府官员晋升锦标赛模式时指出，政府之间的竞争实质上就是各地政府官员之间的竞争。②因此，在一系列动力机制下，地方政府一般通过政策供给、法律法规、公共服务等多种策略，在税收支付、招商引资、基础建设、资源控制、人力资源、制度变革等方面展开竞争。③从积极效应看，地方政府竞争能够促进资源优化配置，激发创新举措，为顶层设计和政策创新提供试验机会；从消极效应看，地方政府竞争容易产生"搭便车"、政策趋同的现象。正如周业安、宋紫峰所指出的，竞争策略是审视地方政府行为的关键窗口，地方政府之间的竞争其实就是一种策略博弈。④

地方政府竞争不仅限于政治和经济领域，在高等教育领域也同样存在。20世纪90年代以来，随着"中央和省级人民政府两级管理、以省级人民政府管理为主"⑤这一高等教育管理体制的形成，尤其是2014年《国家教育体制改革领导小组办公室关于进一步扩大省级政府教育统筹权的意见》的出台，加大了省级政府高等教育统筹权的改革⑥，从而使得省级政府在高等教育改革发展中的角色和作用越来越突出⑦，进而使得高等教育领域的地方政府竞争日趋激烈。在我国高等教育大众化时期，地方政府之间的竞争大多集中在高等教育规模上。⑧随着高等教育质量日益受到重视，尤其是在"双一流"建设时期，进一步扩大高等教育优质资源、建设一批高水平大学和一流学科成为各地方政府关注及竞争的焦点。

---

① 汪伟全. 中国地方政府竞争：从产品、要素转向制度环境[J]. 南京社会科学, 2004（7）：56-61.
② 周黎安. 官员晋升锦标赛与竞争冲动[J]. 人民论坛, 2010（15）：26-27.
③ 刘泰洪. 中国地方政府竞争的制度分析[M]. 北京：中国工人出版社, 2011：36-45.
④ 周业安, 宋紫峰. 中国地方政府竞争30年[J]. 教学与研究, 2009（11）：28-36.
⑤ 中共中央, 国务院. 关于深化教育改革全面推进素质教育的决定[EB/OL].（1999-06-17）. http://www.gmw.cn/01gmrb/1999-06/17/GB/18090%5EGM1-1706.HTM.
⑥ 刘国瑞. 省级政府高等教育统筹的时代意蕴与改革方向[J]. 中国高教研究, 2018（9）：31-36.
⑦ 申素平, 左磊. 论省级政府高等教育统筹权[J]. 中国高教研究, 2019（5）：13-18.
⑧ 张应强, 彭红玉. 高等教育大众化时期地方政府竞争与高等教育发展[J]. 高等教育研究, 2009（12）：1-16.

（二）区域优势理论

区域优势是区域经济学中的重要概念，主要是指某一区域由于其地理位置或发展过程中在自然、经济、历史和社会等因素中具有特殊有利条件或优势，从而使该区域具有更高的资源利用效率、更强的竞争能力、更好的发展机会。区域优势是一个相对动态、横向比较的概念，一般包括比较优势和竞争优势两个维度。因此，区域优势资源是指某一区域内部具有绝对优势的资源或与全国其他地区同类资源相比具有相对竞争优势的资源。[1]正如程必定所认为的，区域优势是一个地域客观存在的比较有利的自然资源、经济资源、文化资源等以及对这些优势资源进行利用和转换的能力。[2]由此可知，区域优势的产生主要来源于所处地区的特色资源，即一个地区的自然景观条件与其历史文脉的综合表现，包括区域的自然条件、地形地貌条件、动植物资源以及历史文化资源和人们的各种活动、行为方式等。区域优势具有地区性、相对性、动态性等特点。

区域优势理论对一个区域的教育发展具有重要影响。基于此，在区域高等教育发展中，可以把区域优势定义为：一个区域内的高校与其他区域高校相比，在竞争和发展过程中拥有的地域、自然、文化和经济等特色优势资源，并且具有对区域内优势资源加以吸收、控制和利用的能力，进而提升自身的办学水平和办学特色。[3]基于区域优势理论，本书重点分析地方高水平大学在"双一流"建设中如何利用区域资源来强化办学特色以及如何为地方社会政治经济发展服务。

五、研究思路与研究方法

本书以"双一流"战略为时代背景，以河北省为个案，在与其他省份"双一流"和高水平大学建设情况进行比较的基础上，重点探讨河北省深入推进"双一流"建设的现状、问题及对策。

本书综合运用文献研究法、案例研究法、比较研究法等方法进行研究。

第一，文献研究法。在查阅已有文献的基础上，明确界定地方高水平大

---

[1] 何天祥. 区域优势的理论分析与评价模型[D]. 长沙：中南大学，2007：37-38.
[2] 程必定. 区域经济学——关于理论和政策问题的探讨[M]. 合肥：安徽人民出版社，1989：174.
[3] 王娜. 城市广场的地域特色与可识别性研究[D]. 无锡：江南大学，2009：13.

学的内涵及特征，以为后续研究做铺垫。

第二，案例研究法。《河北省人民政府关于统筹推进一流大学和一流学科建设的意见》颁布实施后，河北省教育厅制定了《一流大学和一流学科建设资金分配方案》，决定分类支持、重点建设若干所一流大学和一批一流学科。其中，河北大学、河北工业大学、燕山大学、河北师范大学等4所高校成为河北省重点支持的国家一流大学建设一层次高校；河北农业大学、河北医科大学、华北理工大学、石家庄铁道大学、河北科技大学、河北经贸大学、河北工程大学、河北中医学院等8所高校成为国家一流大学建设二层次高校。河北省共有17个学科获批世界一流学科建设项目，37个学科获批国家一流学科建设项目。[①]本书主要以4所一层次高校为例，重点分析河北省"双一流"建设情况，分省级政府层面和高校层面两个维度，从办学目标、学科建设、师资队伍等方面进行调研，充分展现地方高水平大学建设的现实困境与有效对策。

第三，比较研究法。本书不但对各省份的"双一流"和高水平大学建设政策及实践探索进行了比较分析，而且比较了河北省4所一层次高校与国内部分"双一流"大学之间的办学差距，进而为河北省"双一流"建设和高水平大学建设提供思维借鉴。

---

① 宋肖肖，张岩，久辉.河北的"双一流"就是他们啦，部分学校每年可获近亿拨款[EB/OL]. （2016-09-08）. http://www.sohu.com/a/113949321_398131.

第一编 理论维度:"双一流"战略下地方政府竞争行为与地方高水平大学建设

"双一流"是党中央、国务院作出的重大战略决策，将对我国高等教育发展格局产生至关重要的深远影响。国家启动"双一流"战略后，各省份从各自实际出发，先后制定并出台了具有区域特色的"双一流"建设方案，旨在统筹推动区域内有特色高水平大学和优势学科建设，积极探索不同类型高校的一流建设之路。事实上，地方政府的"双一流"建设效果直接关系着国家"双一流"建设的整体成效。

　　国家"双一流"建设的战略定位、省级政府高等教育统筹权的扩大、区域社会经济发展的需求、地方政府官员的晋升考核促使地方政府积极参与到"双一流"建设竞争中。基于对31个省份的"双一流"建设政策文本和实践策略进行分析发现，各地的竞争策略主要表现在功利化的短期目标竞争、利益诱导性的政策供给竞争、引进优质高等教育资源的竞争和形式多样的制度变革竞争上。而地方政府有效推进"双一流"建设和良性竞争的关键在于优化高等教育体系、加强制度创新、构建区域协调机制、完善评价体系。

　　其中，高水平大学或一流大学建设是"双一流"建设的重中之重。因此，明确地方高水平大学的概念和核心要素，既是各地方政府深入推进"双一流"战略、建设高教强省的重要前提，也是地方高校积极应对"双一流"战略、加强内涵式发展的重要内容。

第一章
"双一流"建设中地方政府竞争行为的考察

地方政府是本地区"双一流"建设和高水平大学建设的主要推动者、资助者、决策者,并围绕此展开了激烈竞争。基于此,本章重点关注"双一流"建设下地方政府之间的竞争,核心是各地方政府围绕高等教育领域的各类资源要素与制度创新所建立的动力机制、制定的竞争策略及产生的预期效应,并在此基础上反思地方政府如何更好地进行良性竞争以及深入推进"双一流"建设的有效举措。这对于地方政府建设高水平大学具有重要的理论参考和现实指导价值,也有助于河北省从中汲取经验。

第一节 地方政府积极参与"双一流"建设竞争的动力

地方政府积极参与高水平大学建设,既是回应新时代背景下高等教育发展的必然选择,也是高等教育综合改革推进中地方政府角色的重新定位,更是面对区域发展需求的必然选择。同时,面对"双一流"建设的重大战略部署,地方政府官员晋升的激励机制也促使其更加重视高等教育的高水平发展。

一、时代使命:"双一流"建设的重大战略定位

从近年来国家颁布的主要政策文件中能够发现,"双一流"是未来实现我国高等教育内涵式发展、推动高等教育强国建设、推进教育现代化的重大发展战略。例如,国务院于 2015 年颁布的《统筹推进世界一流大学和一流学科建设总体方案》指出:建设世界一流大学和一流学科,是党中央、国务院作出的重大战略决策,对于提升我国教育发展水平、增强国家核心竞争力、奠定长远发展基础,具有十分重要的意义,直接关系着我国从高等教育大国到高等教育强国的历史性跨越。党的十九大报告强调要加快一流大学和一流学科建设,实现高等教育内涵式发展。再如,中共中央、国务院于 2019 年印发的《中国教育现代化 2035》将"分类建设一批世界一流高等学校"作为推进教育现代化的重点战略任务之一。因此,面对"双一流"建设的重大战略定位,建设地方高水平大学成为各地方政府积极参与"双一流"建设的时代背景与使命要求。部分省份的"双一流"建设方案更是直接指明地方高水平大学建设,如广东省的《中共广东省委 广东省人民政府关于建设高水平大学的意见》、安徽省的《一流学科专业与高水平大学建设五年行动计划》、江西省的《江西省有特色高水平大学和一流学科专业建设实施方案》、黑龙江省的《黑龙江省统筹推进高水平大学和优势特色学科建设实施方案》、吉林省的《吉林省统筹推进高水平大学和高水平学科专业建设实施方案》等。

二、基本前提:省级政府高等教育统筹权的扩大

改革开放以来,我国经济取得巨大成就的一个关键因素是中央政府在行政和经济领域的分权改革充分调动了地方政府的积极性与竞争性。我国推进改革的一个基本特征是政治和经济领域的相关改革先行,然后直接或间接地渗透到教育领域。省级政府高等教育统筹权的改革实质上是经济领域改革经验在高等教育领域的投射。20 世纪 90 年代以来,我国先后颁布的《中国教育改革和发展纲要》(1993 年)、《国务院办公厅转发国家教委关于深化高等教育体制改革若干意见的通知》(1995 年)、《中华人民共和国高等教育法》(1998 年)等政策法规不断推进着高等教育领域的分权改革。有学者指出,我国由计划经济向市场经济转型时期的行政、财税、人事管理等领域的体制变革,为省级政府

高等教育统筹权的形成和发展提供了制度支持。[1]地方政府作为区域内高等教育的办学主体，应该且有必要统筹区域内的高等教育改革发展。目前，我国已经形成中央和省两级管理、以省级政府管理为主的高等教育管理体制，省级政府在高等教育发展中扮演的角色和发挥的作用越来越突出。[2]唯有地方政府拥有对区域内高等教育统筹发展的相应权力，才能够相对自主地推动高等教育改革发展。尤其是面对高等教育大众化、普及化推进的现实压力，以及高等教育全面深化改革的推进，2010年以来，国家相关部门又相继出台了一系列政策来进一步深化改革省级政府高等教育统筹权[3]，如《国家教育体制改革领导小组办公室关于进一步扩大省级政府教育统筹权的意见》（2014年）、《教育部等五部门关于深化高等教育领域简政放权放管结合优化服务改革的若干意见》（2017年）等。随着地方政府拥有了更多高等教育统筹权，它们在高等教育领域的竞争也日趋激烈，从而更加积极地参与到"双一流"建设竞争中。

三、现实动力：区域社会经济发展的迫切需求

截至2020年，我国公办普通本科高校共826所，其中712所主要由地方政府主管，占比高达86.2%，这说明地方高校是我国高等教育体系的主力军。[4]立足区域社会经济发展需求是地方高等教育存在与发展的应然回应，也是地方高等教育转型发展提高服务能力的必然要求。事实上，区域社会政治经济发展对高等教育的需求越来越显著，大学办学与区域发展、城市发展的互动共赢已得到广泛认可，近些年来各地方政府出台支持或吸引优质高等教育资源的相关政策就能直观体现这一点。近年来，之所以各省份明确提出建设高教强省的发展目标并出台系列政策，正是因为它们在发展过程中深刻感知到高等教育对于区域社会发展的重要推动作用。事实上，多个省份的"双一流"建设方案本身就是高教强省政策的进一步延伸、融合与升级。并且，随着社会主要矛

---

[1] 贾永堂，孔维申. 省级政府高等教育统筹权：渊源、内涵、困境及对策[J]. 高等教育研究，2017（11）：29-38.
[2] 申素平，左磊. 论省级政府高等教育统筹权[J]. 中国高教研究，2019（5）：13-18.
[3] 刘国瑞. 省级政府高等教育统筹的时代意蕴与改革方向[J]. 中国高教研究，2018（9）：31-36.
[4] 根据教育部发布的《2020年全国普通高等学校名单》，进行数据统计所得。详见：教育部. 2020年全国普通高等学校名单[EB/OL].（2020-07-09）. http://gaokao.eol.cn/news/202007/ t20200709_1737487.shtml.

盾转化为人民日益增长的美好生活需要和不平衡不充分的发展之间的矛盾，社会公众对于高质量高等教育的需求也更加迫切。正如有学者所言，现代社会高等教育发展的一个新趋势和新现象是高等学校正在成为一个地方或区域社会经济和文化发展的地标。[①]"双一流"建设作为带动高教强省发展的关键性举措，自然成为地方政府积极参与竞争的现实动力。

四、关键因素：地方政府官员的晋升考核

我国地方政府的行为主要受其上级政府的激励和约束，在实际运行中，上级政府的考核能够直接影响下级地方政府的行为。[②]于是，地方政府官员围绕政绩表现展开了激烈的政治晋升锦标赛[③]，这自然成为推动地方政府竞争的关键动力。有学者通过实证研究发现，地方政府官员之间的相互政治竞争显著刺激了地方经济增长，即地方政府和官员对于政绩的追逐是形成经济高速增长的重要政治原因[④]，其背后的关键是我国曾一度以经济指标为主对地方政府官员进行考核。党的十八大以来，官员政绩的评价指标已全方位覆盖经济、政治、文化、社会以及教育等内容，而不再是单纯或者重点以国内生产总值（gross domestic product，GDP）为核心的经济指标。[⑤]目前，我国经济已由高速增长阶段转向高质量发展阶段，在新发展理念的指引下更加注重供给侧结构性改革、创新驱动发展、区域协调发展、绿色可持续发展。"双一流"建设背景下，高等教育领域的相关政绩考核指标也日益受到重视。地方政府官员一旦感知到相应激励考核指标的变化，其施政重心便会相应做出调整，以追求政绩表现的最大化。事实上，部分地区的"双一流"建设方案已经明确提出"双一流"建设的实施成效与相关官员的政绩考核直接挂钩。在这一激励考核背景下，地方政府官员围绕"双一流"建设将会展开激烈竞争。

[①] 谢维和. 高等教育：区域发展的新地标[J]. 中国高教研究，2018（4）：12-15.
[②] 周业安，冯兴元，赵坚毅. 地方政府竞争与市场秩序的重构[J]. 中国社会科学，2004（1）：56-65，206.
[③] 周黎安. 中国地方官员的晋升锦标赛模式研究[J]. 经济研究，2007（7）：36-50.
[④] 王贤彬，徐现祥. 地方官员晋升竞争与经济增长[J]. 经济科学，2010（6）：42-58.
[⑤] 陈家喜. 地方官员政绩激励的制度分析[J]. 政治学研究，2018（3）：72-80，128.

第二节 地方政府"双一流"建设政策文本中的发展策略

地方政府制定的"双一流"实施方案是其参与"双一流"建设竞争所采取的竞争策略的重要观测窗口。本节基于31个地方政府的"双一流"政策文本,首先通过文本结构宏观了解地方政府"双一流"政策的基本特征,其次结合政策文本和具体实践梳理地方政府"双一流"建设的主要实施策略,进而反思如何进一步有效推进地方"双一流"建设。

一、地方政府"双一流"政策文本结构的基本特征

笔者通过对地方政府或省级教育厅的官网进行搜索,共搜集到31个地方政府的"双一流"政策,如表1-1所示,对其政策文本进行分析后,得出如下基本特征。

表1-1 31个地方政府"双一流"政策的颁布情况

序号	类型	地区	颁布时间	颁布机构	文件名称
1	先行一步	B上海	2014-11	上海市教育委员会	《上海高等学校学科发展与优化布局规划（2014—2020年）》
			2015-12	上海市教育委员会、上海市发展和改革委员会、上海市人力资源和社会保障局、上海市财政局、上海市规划和国土资源管理局	《上海高等教育布局结构与发展规划（2015—2030年）》
2	先行一步	E北京	2015-03	北京市教育委员会	《北京高等学校高精尖创新中心建设计划》
			2016-07	北京市教育委员会	《北京高等学校高精尖创新中心建设计划实施方案》
3	先行一步	B广东	2015-04	中共广东省委办公厅	《中共广东省委 广东省人民政府关于建设高水平大学的意见》
4	先行一步	C浙江	2015-05	浙江省人民政府	《浙江省人民政府关于推动我省高等教育新一轮提升发展的若干意见》

续表

序号	类型	地区	颁布时间	颁布机构	文件名称
5	反应迅速	F 河南	2015-12	河南省教育厅、河南省财政厅	《河南省优势特色学科建设工程实施方案》
6		D 贵州	2016-04	贵州省教育厅	《贵州省教育厅关于大力推进区域内一流大学和一流学科建设的实施意见》
7		A 内蒙古	2016-05	内蒙古自治区人民政府办公厅	《内蒙古自治区统筹推进国内和世界一流大学一流学科建设的总体方案》
8		A 河北	2016-05	河北省人民政府办公厅	《河北省人民政府关于统筹推进一流大学和一流学科建设的意见》
9		A 江苏	2016-06	江苏省人民政府	《江苏高水平大学建设方案》
10		A 甘肃	2016-07	甘肃省人民政府	《统筹推进高水平大学和一流学科建设实施方案》
11		C 陕西	2016-08	中共陕西省委办公厅、陕西省人民政府办公厅	《关于建设"一流大学、一流学科，一流学院、一流专业"的实施意见》
12		E 新疆	2016-08	新疆维吾尔自治区教育厅办公室	《新疆维吾尔自治区"十三五"重点学科建设方案》
13		C 云南	2016-09	云南省学位委员会、云南省教育厅	《云南省一流学科建设实施方案》
14	反应较慢	B 山东	2016-12	山东省人民政府	《推进一流大学和一流学科建设方案》
15		D 宁夏	2016-12	宁夏回族自治区人民政府办公厅	《宁夏回族自治区西部一流大学和一流学科建设方案》
16		C 安徽	2016-12	安徽省人民政府	《一流学科专业与高水平大学建设五年行动计划》
17		A 湖北	2016-12	湖北省人民政府办公厅	《省人民政府关于推进一流大学和一流学科建设的实施意见》
18		A 辽宁	2017-01	辽宁省人民政府	《辽宁省统筹推进世界一流大学和一流学科建设实施方案》
19		G 青海	2017-01	青海省人民政府办公厅	《青海省人民政府办公厅关于加快推进一流学科建设的指导意见》
20		A 海南	2017-01	海南省人民政府	《海南省统筹推进高水平大学和一流学科建设实施方案》
21		A 湖南	2017-02	湖南省人民政府	《湖南省全面推进一流大学与一流学科建设实施方案》
22		E 山西	2017-02	山西省人民政府	《山西省人民政府关于实施"1331工程"统筹推进"双一流"建设的意见》
23		A 福建	2017-03	福建省人民政府	《福建省人民政府关于建设一流大学和一流学科的实施意见》
24		B 江西	2017-05	江西省人民政府	《江西省有特色高水平大学和一流学科专业建设实施方案》
25		A 重庆	2017-05	重庆市人民政府	《重庆市人民政府关于加快高校特色发展推进一流大学和一流学科建设的实施意见》

续表

序号	类型	地区	颁布时间	颁布机构	文件名称
26	反应较慢	A 广西	2017-06	广西壮族自治区人民政府	《统筹推进一流大学和一流学科建设实施方案》
27		A 吉林	2017-08	吉林省人民政府	《吉林省统筹推进高水平大学和高水平学科专业建设实施方案》
28		A 天津	2017-09	天津市人民政府	《天津市推进一流大学和一流学科建设实施方案》
29		A 黑龙江	2017-10	黑龙江省人民政府	《黑龙江省统筹推进高水平大学和优势特色学科建设实施方案》
30		A 四川	2017-11	四川省人民政府	《四川省人民政府关于统筹推进一流大学和一流学科建设的实施意见》
31		E 西藏	2018-08	西藏自治区教育厅	《西藏自治区教育厅关于调整优化高等教育学科专业结构的意见》

注：表中的字母代表各省级政府"双一流"建设规划时间的阶段划分。标记 A 的共 15 个省份，表示这些省份与国家"双一流"建设规划时间进度保持一致，分为 2020 年、2030 年、2050 年三个时间节点；标记 B 的共 4 个省份，建设规划时间分为 2020 年、2030 年两个时间节点；标记 C 的共 4 个省份，建设规划时间到 2020 年；标记 D 的共 2 个省份，建设规划时间分为 2020 年、2025 年两个时间节点；标记 E 的共 3 个省份，没有提及明确的阶段划分；标记 F 的共 1 个省份，建设规划时间到 2024 年；标记 G 的共 1 个省份，建设规划时间分为 2020 年、2025 年、2030 年、2050 年四个时间节点

（一）从颁布时间与机构来看

从颁布时间来看，相对于国家（以国务院于 2015 年 10 月颁布《统筹推进世界一流大学和一流学科建设总体方案》为基准）来说，地方政府颁布文件的时间可分为先行一步、反应迅速和反应较慢三类。第一，先行一步地区均为东部经济发达地区，其中上海提前了将近一年的时间。先行一步地区为国家和其他省份"双一流"政策的制定提供了重要参考。例如，教育部于 2016 年 3 月专门举办新闻发布会介绍建设高水平大学和高水平理工科大学的"广东经验"[1]；部分学者专门围绕一些地区在高水平大学建设方面的实践探索进行研究[2]。先行一步地区的"双一流"建设方案本身也容易诱发地方政府之间的模仿性竞争。第二，反应迅速地区包括河南、贵州、内蒙古、江苏等 9 地，充分说明这些地区欲在国家"双一流"建设中争得先机，同时也折射出这些地区

---

[1] 广东省教育厅. 教育部召开新闻发布会推介高水平大学建设"广东经验" [EB/OL]. (2016-03-02). http://www.htu.edu.cn/xkb/2016/0716/c7885a81543/page.htm.

[2] 徐高明. 省域高水平大学建设的体制机制创新与存在的问题——以北京、上海、广东高水平大学建设为例[J]. 高等教育研究, 2017 (3): 37-44.

较为积极的竞争态度。第三，其他18个省份属于反应较慢地区。

从颁布机构来看，国家"双一流"政策文件是由国务院颁布的，地方政府中，有22个地区的政策文件是由省政府及相关机构颁布的，其他地区主要由教育厅等部门颁布，这在一定程度上反映了不同地区的地方行政机关在"双一流"建设中扮演的角色存在一定差异。

（二）从文本名称与体例结构来看

从文本名称来看，先行一步地区的建设目标与政策内容呈现较大的创新性，上海强调高校与学科齐头并进优化布局，北京聚焦研究平台建设，广东关注高水平大学建设，浙江注重高等教育高质量提升。为此，有学者将广东、上海、北京的三种建设模式分别归纳为"双重点"（重点高校建设与重点学科建设项目）建设模式、学科建设模式和平台建设模式，具有较强的典型性。[①]与此相对应，江苏、甘肃、安徽、海南、江西、宁夏等地均强调高水平大学建设，类似"广东模式"；河南、云南、青海等地关注特色优势学科，类似"上海模式"；山西结合"1331工程"[②]实施"双一流"，重点强调科研平台建设，类似"北京模式"。另外，有14个地区的政策文件名称与国家"双一流"政策文件名称保持了较高一致，这说明多数地区的"双一流"建设重心明确且有所侧重。

从体例结构来看，仅有内蒙古、湖北、吉林、天津的政策的文本结构与国家政策的文本结构保持了一致，均包括总体要求、建设任务、改革任务、支持措施、组织实施5个部分，其他地区均与国家政策的文本结构有所差异，主要表现为或对总体要求部分进行了进一步细化，或对建设任务、改革任务部分进行了融合，或对支持措施与组织实施部分进行了整合。其中，上海、云南、山西、江苏、海南、甘肃、山东、江西、天津等地甚至直接在"双一流"政策中明确了部分一流大学和学科的入选名单、筛选条件、考核要求等。可见，各地区"双一流"政策文本的体例结构具有较大的灵活性与创新性。

---

① 徐高明. 省域高水平大学建设的体制机制创新与存在的问题——以北京、上海、广东高水平大学建设为例[J]. 高等教育研究，2017（3）：37-44.

② "1331"工程是山西省推进"双一流"建设、实现高等教育振兴崛起重要举措。第一个"1"，即"坚持立德树人这一根本任务"；第一个"3"，即"全面加强重点学科、重点实验室、重点创新团队三项建设"；第二个"3"，即"全面加强高校协同创新中心、工程（技术）研究中心、产业技术创新战略联盟三项建设"；第二个"1"，即"努力产出一批对国家及地方经济社会发展有重大贡献的标志性成果"。

（三）从规划时间与目标来看

从规划时间来看，有一半的地方政府并没有严格比照国家的要求。表1-1中标记A的15个省份的规划时间与国家的一致，分为2020年、2030年、2050年三个节点；标记B的4个省份的规划时间分为2020年、2030年两个节点；标记C的4个省份的规划时间到2020年；标记D的2个省份的规划时间分为2020年、2025年两个节点；标记E的4个省份没有明确的时间节点；标记F的1个省份的规划时间到2024年；标记G的1个省份的规划时间划分为2020年、2025年、2030年、2050年四个节点。从某种程度上说明不少省份的政策设计缺乏前瞻性、系统性，存在"等、靠、看"的心态，极有可能导致"双一流"建设的实际成效受到较大影响。从规划目标来看，各地区的政策文件均呈现数字化倾向异常明显的特征，并且规划时间阶段越近、优质高教资源越集中的地区，该特征越明显。

二、地方政府"双一流"实施的主要策略

（一）指导思想

各地区均强调深入贯彻十八大以来党的重要发展理念、战略与目标，同时高度强调立足区域特色，重点支持优势特色学科发展，并将该思想贯穿"双一流"建设任务的各个方面。高校的立足之本是学科，其竞争力与创新力主要依托强势学科与特色学科，而特色学科一般是扎根区域环境，依托地域资源、历史文化、经济产业等土壤逐步成长起来的，具有不可替代性，相对容易获得地方政府乃至国家层面的支持。因此，立足区域特色成为地方政府支持"双一流"建设的核心指导思想，这不仅符合高等教育内涵式、竞争性发展的基本规律，也契合地方高水平大学的内涵要素。很多省份的"双一流"建设直接选择以优势特色学科为主攻方向，重点支持依托地域资源与文化发展的特色学科，进而打造高峰学科或学科群。

（二）推进策略

1. 采用分层分类支持策略，引导不同高校争创一流

"双一流"战略的创新之处在于打破传统"211工程""985工程"等相对僵化的支持模式，鼓励不同类型高校在不同层次、水平上争创一流。地方政府

在"双一流"建设上均强调坚持分层分类指导,有17个地区的"双一流"建设形成了分层分类情况,如表1-2所示。整体来看,各地区基本坚持一流大学和一流学科两个宏观层面的分类,一流大学主要涉及核心职能、学科门类、隶属关系、相互交叉等分类模式,一流学科主要涉及特色学科、优势学科、高峰学科、高原学科的基本分类框架。值得注意的是,也有不少地区主要围绕"发展目标"进行功利性的分类,笼统划分为国际一流、国内一流、区域一流、省内一流等。这种分类实质上违背了高校分类发展的内涵,简单地将分层等同于分类,强调等级而非差异,并不能有效指导分类策略的实施。相对而言,浙江、辽宁、上海等地主要依据高校的学科门类和主要职能进行交叉分类,并且制定相关文件来保障分类策略的有效实施,具有较大的创新性。2016年8月,浙江省教育厅印发《浙江省普通本科高校分类评价管理改革办法(试行)》,明确提出"本科高校按二维结构,根据人才培养、学科建设、师资队伍等,分为研究为主型、教学研究型、教学为主型;根据学科门类、专业数量等分为多科性和综合性。全省本科高校分为六种类型",并出台《浙江省普通本科高校分类指引》《浙江省普通本科高校评价指标体系(试行)》等系列文件对不同类型高校进行规划。[①]安徽省"双一流"高校的分类策略贯彻了该省教育厅于2014年出台的分类文件——《安徽省教育厅关于地方高水平大学立项建设分类发展的意见》。随着国家简政放权力度的加大,省级政府在统筹高校发展方面的作用越加显著,立足各自实际合理分类成为推动"双一流"建设的基础性工作,并且越来越受到高度重视。

表1-2 部分地区"双一流"建设的分层分类情况

序号	地区	高校与学科分层分类
1	浙江	高校:研究为主型、教学研究型、教学为主型与多科性、综合性
2	吉林	高校:研究型、应用研究型、应用技术型、技术技能型
3	辽宁	高校:研究型、研究应用型、应用型 学科:农林医药业类、工业类、现代服务业类、社会事业类
4	上海	高校:研究型、应用研究型、应用技术型、技能型与综合性、多科性、特色性交叉 学科:高峰学科(Ⅰ、Ⅱ、Ⅲ、Ⅳ类)、高原学科(Ⅰ、Ⅱ类)
5	湖南	高校:综合研究型、学科特色型、地方应用型、技术技能型
6	四川	高校:研究型大学、同类高水平、应用技术型、高职院校、民办高校
7	河北	高校:第一层次、第二层次;学科:世界一流、国家一流、省内一流

[①] 浙江省教育厅. 浙江省普通本科高校分类评价管理改革办法(试行)[EB/OL].(2016-08-08). http://jwc.zafu.edu.cn/info/1024/2717.htm.

续表

序号	地区	高校与学科分层分类
8	陕西	一流大学、一流学科、一流学院、一流专业
9	海南	高校：国内一流、特色高水平；学科：特色优势、特色扶持、特色培育
10	甘肃	高校：世界一流、国内同类型高水平、国内一流高职院校 学科：优势学科、特色学科、培育学科
11	安徽	高校：世界一流、特色高水平、应用型高水平、技能型高水平 学科：一流学科、优势特色学科、应用型专业、高职专业
12	青海	学科：世界一流、国内一流、省内一流、校内一流
13	河南	学科：优势学科（A类、B类）、特色学科（A类、B类），A类为重点建设，B类为重点培育
14	云南	学科：高峰学科（A类为国际一流，B类为国内一流）、高原学科（A类为国内先进，B类为西部先进）
15	福建	高校：部属大学、省属大学；学科：高峰学科、高原学科
16	山东	高校：部属高校、省属高校
17	湖北	高校：部属高校、省属高校

2. 强调多渠道资源优化整合，引导多方参与共享共建

第一，在一流大学建设方面，强调积极推进部属高校与其他高校，以及各级政府资源的共享共建。其中，北京高精尖创新中心建设的基本原则是"通过整合中央在京高校、市属高校和国际创新资源多方力量，建立……央属院校与市属院校共同发展的长效机制"[1]。广东大力推动建设高水平理工科大学，积极探索省市共建模式，突破对传统路径的依赖，采取超常规发展，省市两级财政投入超过80亿元。[2]湖北提出要"优化教育资源配置，探索省属高校合并重组，突破省属高校研究生教育发展瓶颈"，并通过"加强部省共建、省地共建、校地共建、校所（院）合作、校企合作、部门联动，促进资源共享，形成协调合作有效机制"[3]。

第二，在学科建设方面，强调整合区域优势学科资源，打造特色学科群、交叉学科、新兴学科，培育新的学科增长点。青海提出重点将生态学、生物学、作物学、畜牧学、草学、环境科学与工程等相关学科，整合组建为三江

---

[1] 北京市教育委员会. 关于印发北京高等学校高精尖创新中心建设计划的通知[EB/OL]. （2015-12-17）. http://jw.beijing.gov.cn/kyc/tzgg_15522/201512/t20151217_1448437.html.

[2] 吴少敏. 逾80亿！粤建设3所高水平理工科大学[N]. 南方日报，2015-09-15.

[3] 湖北省人民政府. 湖北省人民政府关于推进一流大学和一流学科建设的实施意见[EB/OL]. （2017-09-22）. http://fgc.jcut.edu.cn/info/1017/1212.htm.

源生态交叉学科，科学整合高原医学、基础医学、临床医学、藏医药学、预防医学、地方病防治学、药学等学科，组建成覆盖范围更广的高原医学交叉学科。①

第三，在科研创新方面，一方面强调高校与科研院所、行业、企业等多主体开展合作，创新科研成果转化机制与资源开放流动机制；另一方面强调围绕国家和区域重大问题，依托研究基地与区域优势，搭建高水平研究平台、资源库、战略联盟等开展协同攻关研究。海南、山西、贵州等多地直接在建设任务中将建设高端科研平台进行了单列，并表示将冲击国家级科研平台，甚至直接明确资金奖励。例如，宁夏提出对高校获批国家级重点实验室，在建设期内每年给予1000万元的支持。②

第四，在创新人才培养方面，强调遵循分类培养、协同育人、实践育人的理念，积极倡导科教融合、产学协同、校企合作、联合培养等多样化的人才培养模式，主要举措是推动大学生创业园、科技园、孵化器、创新创业基地等的建设。同时，积极倡导引进第三方评估机构，推动社会广泛参与构建人才培养质量监控与评价体系。

第五，明确参与主体的职责分工，多方协同推进"双一流"建设。各地区的"双一流"建设统筹协调工作主要由各地方政府与教育厅负责且省级主要职能部门全部参与，其中浙江、山西、安徽、湖北、辽宁等地在"双一流"政策文本中直接指出了每个建设与改革任务部分的牵头与协同单位。

3. 注重前后政策衔接配套，与"十三五"教育规划同步推进

各地区的"双一流"政策注重与"十三五"教育规划同步推进，大多省份在规划中单列了"双一流"项目，这反映了地方政府对"双一流"建设的高度重视。事实上，很多省份十分强调"双一流"政策与以往教育政策的衔接，其中上海市早在"十二五"期间就已经面向地方本科高校实施了"高水平大学和一流学科专业建设工程"，按照冲击国际一流学科（A类）、全国领先学科（B类）的策略实施③，可见，上海市"双一流"学科建设模式是对前期实践的

---

① 青海省人民政府办公厅. 青海省人民政府办公厅关于加快推进一流学科建设的指导意见[EB/OL].（2017-01-10）. http://www.minhe.gov.cn/html/10571/243568.html.
② 宁夏回族自治区党委. 自治区党委 人民政府关于深入实施创新驱动发展战略加快推进科技创新的若干意见[J]. 宁夏回族自治区人民政府公报，2017（3）：9-13.
③ 上海市教育委员会. 上海高校一流学科建设计划实施方案[EB/OL].（2012-06-13）. http://fzghc.xjau.edu.cn/2016/0506/c293a4426/page.htm.

延续与创新。另外，不少省份的"双一流"政策虽然十分注重与前期省级重点学科建设、特色骨干大学建设、高端科研平台建设的延续与整合，但存在着与前期政策简单延续、缺乏有机创新整合、身份固化色彩依然较为浓厚等问题。另外，东部地区与中西部地区的"双一流"政策在与前期教育政策衔接方面体现出了较大差异，东部地区主要强调与高教强省理念、政策及实践举措相衔接，而中西部地区主要强调与国家前期实施的省部共建、对口支援、中西部综合实力提升工程等重大中西部支持政策相衔接。

4. 重金引进高层次人才，巨资投入"双一流"建设

大部分地区明确指出，"双一流"建设经费投入的主体是人才队伍建设，例如，北京市提出，原则上不低于70%的经费用于人员经费（50%用于国外人才引进，20%用于京外人才引进）。[①]在具体实践中，一些地区直接将两院院士、长江学者、国家杰青等作为高层次人才引进对象，并在岗位设置、人才落户、团队建设、职称评聘、薪酬分配等方面给予配套政策服务。例如，福建省专门提出对于紧缺领域高端人才和团队实行"一事一议"协商引进政策以及人才"特区"。[②]宁夏明确提出，支持高校在核定的编制总额内留出20%用于吸引高层次创新人才，鼓励实施"领军人才+创新团队"的精准引才模式，对引进的国内外领军型创新团队，自治区财政分别给予1000万元和3000万元的支持，对顶尖创新团队实行"一事一议"。[③]国家"双一流"文件中明确强调培养与引进并重，培养在前引进在后，但一些地区的实践却本末倒置，重视外引忽视内培，进而成为诱发当下"挖人大战"现象的主要动因。一些地方政府在高层次人才引进方面的明码标价行为诱发了一系列恶性竞争，功利化倾向非常明显。

在"双一流"建设经费方面，各地区均投入巨大，但对东、中、西部进行比较后发现，它们在支持周期和资金投入上存在显著差异，如表1-3所示。值得关注的是，不少地区在经费支持上呈现出一些新举措，主要表现在支持对象和激励方式方面。例如，北京以5年为周期，每年给予每个高精尖

---

① 北京市教育委员会. 北京高等学校高精尖创新中心建设计划[EB/OL].（2015-12-17）. http://jw.beijing.gov.cn/kyc/tzgg_15522/201512/t20151217_1448437.html.

② 福建省人民政府. 福建省人民政府关于建设一流大学和一流学科的实施意见[EB/OL].（2017-03-06）. http://net.fafu.edu.cn/fzgh/d7/cb/c2239a186315/page.psp.

③ 宁夏回族自治区人民政府办公厅. 宁夏回族自治区西部一流大学和一流学科建设方案[EB/OL].（2016-12-27）. http://ghxk.nxu.edu.cn/info/10463/86073.htm.

创新中心 5000 万至 1 亿元的经费投入[①]；"十三五"期间，浙江重点针对省属 5 所高校给予每年 5 个亿的支持[②]；江苏"十二五"期间仅用于优势学科建设工程的一期项目经费投入就高达 77.5 亿[③]，并指出，自 2017 年进入全国百强的省属高校，每年新增拨款 1 亿元左右[④]。同时，很多省份还明确表示，对入选国家"双一流"建设的高校，不但省级财政会给予其大力支持，还会积极引导地市级政府加强对其的政策倾斜和资金投入。

表 1-3 不同区域省份"双一流"建设资金投入情况

所属区域	省份	支持周期（年）	时间跨度（年）	资金投入(亿元)
东部	江苏	2016—2020	5	85
	福建	2016—2020	5	80
	山东	2016—2020	5	50
	广东	2015—2017	3	50
	上海	2014—2017	4	36
	河北	2016—2020	5	25
中部	安徽	2013—2020	8	70
	江西	2016—2020	5	40
	河南	2015—2024	10	31
西部	陕西	2016—2020	5	12
	贵州	2016—2020	5	5
	宁夏	2017—2020	4	2

资料来源：根据各省份"双一流"建设相关政策及管理办法中的资金投入情况进行数据统计而得

（三）保障策略

1. 重视现代大学制度建设，完善高校治理体系

现代大学制度是保障"双一流"建设实施的关键。为顺应国家层面的基本要求，地方政府在完善现代大学制度方面主要体现在完善内部治理结构、深化高等教育综合改革、创新高等教育治理模式上。首先，各地方政府要求"双

[①] 北京市教育委员会. 北京高等学校高精尖创新中心建设计划[EB/OL].（2015-12-17）. http://jw.beijing.gov.cn/kyc/tzgg_15522/201512/t20151217_1448437.html.

[②] 未来五年，浙江每年五亿重点建设 5 所高校！[EB/OL].（2016-09-20）. http://www.sohu.com/a/114713926_232611.

[③] 蒋廷玉. 江苏：加大投入的同时，我省将实行奖优罚劣——高水平大学建设打破"终身制"[EB/OL].（2017-04-21）. http://www.gaoxiaojob.com/renshi/zhengce/2017/0421/242816.html.

[④] 江苏省人民政府. 江苏高水平大学建设方案[EB/OL].（2016-06-15）. http://xkb.yctc.edu.cn/2017/0312/c1914a15399/page.htm.

一流"建设高校围绕内部治理结构构建现代大学制度体系，其中，完善党委领导下的校长负责制、建立大学章程、健全以学术委员会为核心的学术管理体系和组织架构、实施"学院办大学"改革是重点，目的是充分发挥它们在学科建设、学术评价、学术发展和学风建设等方面的作用。其次，明确"放、管、服"是高等教育综合改革的重点，进一步扩大高校办学自主权，构建理事会、董事会等法人治理机构，完善高校法人制度。广东、浙江、山东等地均提出对"双一流"高校实施"一校一策"的支持策略，扩大落实高校办学自主权，涉及学科建设、专业设置、科研平台、招生就业、职称评审、人才引进、学费调整、财政拨款等方面。最后，多个省份提出负面清单、权力清单、责任清单等高等教育治理改革的新模式。例如，浙江提出全面清理高校现行各类规章制度，制定高校自身的"权力清单"和"责任清单"，规范学校内外部关系，完善学校内部治理结构，探索对高校实行"负面清单"管理，政府重点加强事中、事后监管督导。[①]

2. 强调科学统筹规划，周期绩效考核滚动支持

整体上，各地区均强调加强顶层设计、科学统筹规划，尤其强调高校的自主规划。同时，各地区高度强调跟踪监督、分期考核、绩效评估、滚动支持，积极引入第三方评估，一般分为年度报告、中期评估和期满考核三步，考评结果直接影响下一轮的财政支持，对于考评优秀的，继续加大力度支持、滚动支持；对于考评不合格的，将减少支持直至调整出支持范围。例如，山东注重绩效考评，实行年度报告、3年中期评估和5年期满考核相结合的办法，动态调整支持力度；对未完成中期建设目标的项目，减拨或停止支持经费；对5年建设期满考核优秀的项目，予以奖励和滚动支持。[②]相比较而言，上海更加注重定性与定量、过程与结果、近期与长期考核的综合运用，同时强调大数据平台的支撑。此外，部分省份强调考核结果要与领导政绩挂钩，如安徽提出将"双一流"建设工作纳入省政府目标绩效管理考核、省管领导班子和领导干部综合考核中，这是地方政府之所以积极参与"双一流"建设竞争的重要动力之一。

---

① 浙江省人民政府. 浙江省人民政府关于推动我省高等教育新一轮提升发展的若干意见[EB/OL].（2015-05-20）. http://jyt.zj.gov.cn/art/2015/6/16/art_1532994_27483881.html.
② 山东省人民政府. 推进一流大学和一流学科建设方案[EB/OL].（2016-12-26）. http://www.shandong.gov.cn/art/2016/12/27/art_2267_19523.html?from=singlemessage&isappinstalled=0.

第三节　地方政府"双一流"建设实践中的竞争策略

上一节主要从静态层面比较分析了地方政府"双一流"建设政策文本中彰显的发展策略，本节则主要从动态层面考察地方政府"双一流"建设政策执行及在实践中实施的竞争策略。由前文可知，以2015年10月国家"双一流"建设方案的出台时间为节点，我国31个省份正式颁布"双一流"建设政策文件的时间可分为先行一步、反应迅速和反应较慢三种类型。随着教育部、财政部、国家发展和改革委员会三部门分别于2017年1月、2018年8月联合印发《统筹推进世界一流大学和一流学科建设实施办法（暂行）》《关于高等学校加快"双一流"建设的指导意见》，部分省份又出台了"双一流"建设的一些后续相关配套政策，如北京出台《关于统筹推进北京高等教育改革发展的若干意见》、上海出台《关于本市统筹推进一流大学和一流学科建设实施意见》等。事实上，随着"双一流"建设的深入推进，地方政府在"双一流"建设政策供给层面已经展开激烈竞争，并在具体实践中表现出新的特点。

一、巨额资金投入，追求功利化的短期目标

通过比较31个省份"双一流"建设方案的阶段规划和目标设计可以发现，各地在时间规划阶段上存在较大差异，与国家"双一流"政策方案规划到2050年相比，有15个地区的规划时间并没有规划到21世纪中叶。其中陕西、浙江、云南、安徽仅仅规划到2020年，河南规划到2024年，贵州、宁夏规划到2025年，上海、山东、江西、广东规划到2030年，山西、北京、新疆、西藏并没有明确指出规划时间。虽然有16个省份的"双一流"政策整体上规划到了21世纪中叶，但其中不少地区是在国家公布"双一流"名单之后才正式公布本地区的建设方案的。由此可见，不少地区在"双一流"建设方案上缺乏明确、长期、系统的规划，存在注重短期规划的现象。实质上，这反映了不少地区对"双一流"建设规划持观望的态度，密切关注其他地区和国家政

策的动向，必然导致其政策设计难免会存在模仿、移植、攀比的倾向，进而影响政策的具体实施成效。与短期规划密切相关的是预期目标中鲜明的数字化倾向，类似多少所大学进入国内外知名大学排行前 50 名或前 100 名、多少个学科进入学科评估前 10%、多少个学科进入 ESI[①]学科 1‰或 1‰等目标陈述占据了主导地位。

短期的数字化目标是地方政府在各个领域竞争中普遍采取的策略。投射到高等教育领域，各地区就会重点围绕短期内能够提升的指标展开争夺，因而 ESI 高发文学科、设置重大课题较多的领域、高层次人才引进、国家级科研平台申报等便成为各地区关注的焦点，当下的"挖人大战"正是典型表现。但是，教育发展是长久之计，一旦用短期的功利目标主导高等教育的改革发展，那么基础研究支持、高等教育体制改革、创新人才培养等重要目标就会被弱化。再加上地方政府官员和大学领导均受到任期的限制，必然导致地方政府和高校在相互竞争中更加倾向于规避具有长期增长效应的策略，而是选择能够带来短期超额收益的外延型增长模式。

二、围绕资源要素，加大利益诱导性的政策供给

地方政府竞争在很大程度上表现在政策供给竞争层面。20 世纪 90 年代以来，我国地方政府竞争整体上主要以政策竞争为核心，主要手段是通过提供各类优惠政策引进资源[②]，政策设计的焦点是劳动力、资金、技术、土地等要素。由此来看，各地"双一流"建设在很大程度上延续了这一竞争策略，高度重视围绕学科发展、平台建设、师资队伍等领域的资源投入与要素引进进行政策设计，具体主要包括高层次人才引进、国家级项目与奖项、一级学科博士学位授权点等。其中，巨额的财政支持机制和重金引进高层次人才是政策供给的集中表现。从财政支持来看，各地的"双一流"建设总体经费动辄高达上百亿，可以说支持力度是前所未有的。例如，广东 2015—2017 年实施的高水平大学和高水平理工科大学投入的财政经费超过 300 亿元。[③]从高层次人才引进的政策供给来看，地方政府高度重视高层次人才引进，不少省份在"双一流"

[①] 基本科学指标数据库（essential science indicators，ESI）。
[②] 汪伟全. 当代中国地方政府竞争：演进历程与现实特征[J]. 晋阳学刊，2008（6）：24-27.
[③] 姚瑶，吴少敏."双高"大学 3 年投逾 300 亿[N]. 南方日报，2017-10-07（A5）.

建设政策中明确指出人才引进任务。例如，江西在"双一流"建设方案中明确提出：到2020年，新增两院院士2—3名，院士后备人才10名左右，长江学者、国家杰青、国家教学名师、万人计划等国家级高端人才100名左右，青年千人、国家优青、青年长江、青年万人等"四青"人才100名左右。[①]此外，从各所高校的人才招聘政策看，高层次人才明显存在"明码标价"的现象[②]，人才级别划分与资金配额存在严重的等级化现象。

地方政府的"双一流"建设政策供给属于制度竞争的范畴。制度竞争的目的与手段一旦异化，将会产生不确定的负面效应，并且其发展趋势难以被扼制。各地的人才引进政策充满过度的利益诱导，目标瞄准各类"帽子人才"，甚至已经演化为无序、恶性的"挖人大战"，引发了人才流动的严重失序。其背后的关键诱因在于高层次人才直接与学科评估的关键指标紧密相关，至于引进人才是否有助于打造优势学科、培育学术团队则在功利化发展策略和过于现实的目标追求面前居于次要地位。

三、地市级政府积极参与共建，大力引进知名高校或科研院所

开展"双一流"建设以来，地方政府间竞争的一个显著特征是地市级政府积极参与其中，一方面与省级政府以多种形式共建高校，另一方面竞相引进国内外知名大学建设分校、校区或研究院所，围绕优质高等教育资源展开激烈竞争。这些城市主要集中在中东部地区，代表性的有深圳、杭州、青岛、宁波、郑州、无锡、佛山、烟台、苏州、济南、东莞。这些城市经济实力强，中国社会科学院与经济日报社共同发布的2018年中国城市竞争力指数及排名显示，这些城市均位于全国前40强。[③]这些城市大力引进优质高等教育资源的主要原因在于高等教育有助于造就人才红利，推动城市创新发展。未来城市经济的高质量增长与转型发展关键在于人才红利，而人才红利反过来又能够带动

---

① 江西省人民政府. 江西省有特色高水平大学和一流学科专业建设实施方案[EB/OL]. (2017-05-19). http://xdzx.xyc.edu.cn/index.php?c=show&id=227&s=news.
② 郭书剑，王建华. "双一流"建设背景下我国大学高层次人才引进政策分析[J]. 现代大学教育，2017（4）：82-90.
③ 中国城市综合经济竞争力报告显示：竞争力"南强北弱"格局进一步强化[EB/OL]. (2019-06-24). http://district.ce.cn/zg/201906/24/t20190624_32431463.shtml.

资金、劳动力、土地的增值。[1]有统计分析发现，2018 年中国城市综合经济竞争力与城市 R&D 投入指数、专利申请数以及与衡量创新驱动的知识城市指标间整体保持显著正相关的关系。[2]另外，大学生作为主要的消费和创新群体，对于城市经济的发展具有重要推动作用。2003—2017 年的全国高校毕业生调查数据显示，70%大学生选择在大中城市就业。[3]于是，城市竞争力较强的上述城市，在大力支持本地高校的同时，竞相引进国内外优质高等教育资源，以便在短时间内改善优质高等教育资源供给不足的状况。随着各地"双一流"建设竞争的日益激烈，这些城市专门出台政策对引进优质高等教育资源予以大力支持，如青岛市出台《青岛市人民政府关于加快引进优质高等教育资源的意见》、杭州市出台《关于"名校名院名所"建设的若干意见》、郑州市出台《郑州市人民政府关于加快引进优质高等教育资源的意见》、佛山市出台《佛山市引进和培育优质高等教育资源若干扶持政策》等。

事实上，各地级市政府积极引进优质高等教育资源的原因既有省级政府的大力引导和支持，也有知名高校办学空间急需拓展却受所在城市限制而不得不向其他城市寻求帮助的诉求。其一，对于省级政府而言，地级市政府的参与可以拓宽"双一流"建设资源投入渠道，增加对部分高校的投入，缓解省级财政压力。例如，宁波市委、市人民政府指出，2018—2022 年，宁波将投入高水平大学建设经费不少于 150 亿元，其中市财政投入不少于 50 亿元。[4]广东省政府分别与深圳、佛山、东莞市政府实施省市共建南方科技大学、佛山科学技术学院、东莞理工学院，致力于打造高水平理工科大学。仅东莞理工学院 2016—2018 年便获得广东省财政支持 5 亿元和东莞市政府未来五年 15 亿元的专项资金支持，以及 360 亩[5]用地支持。[6]其二，我国知名高校集中在大城市普遍面临办学空间受限的难题，而这些经济实力强劲的城市承诺在政策、资金和土地等方面予以大力支持，并把大规模建设用地作为吸引知名高校建分校或

---

[1] 倪鹏飞, 李超. 总报告摘要：中国正处在迈向现代化关键期[N]. 经济日报，2019-06-24（5）.
[2] 丁如曦, 刘梅. 竞争力"南强北弱"格局进一步强化[N]. 经济日报，2019-06-24（5）.
[3] 岳昌君, 周丽萍. 中国高校毕业生就业趋势分析：2003—2017 年[J]. 北京大学教育评论，2017（4）：87-106, 187.
[4] 蒋炜宁, 余晶晶. 我市 5 年将投 150 亿元 加快高水平大学建设[N]. 宁波日报，2019-03-29（A1）.
[5] 1 亩=666.67 平方米。
[6] 靳延明, 等. 东莞理工学院：五年拟投 35 亿元 建高水平理工科大学[N]. 南方日报，2015-09-22（DC02）.

校区的基本条件，少则数百亩多则数千亩，在资金投入上更是高达数十亿上百亿。"南深圳、北青岛"便是其中的典型代表，据统计，截至 2017 年，两地分别引进的国内外名校建设的校区及科研院所已经达到 19 个和 24 个，并在持续增长中。①

各地区立足城市发展需求，引进优质高等教育资源本身无可厚非，但在引进对象上只瞄准排名靠前的国内外知名大学，在学科建设上明确重点引进相关高发文领域的 ESI 学科，体现出一定的盲目性、冲动性。一方面，引进高校意味着校区建设，但很可能存在有些地级市政府将引进优质高等教育资源作为幌子，实际目的是进行大规模土地建设，这将再次走上早期地方政府通过对土地的恶性竞争刺激经济发展的传统路线。另一方面，倘若地方政府不顾地区原有学科结构与产业结构的现状，一味盲目引进"所谓的优质高等教育资源"，借助校区建设缓解城市新区规划的矛盾、刺激短期经济效应、打造文化形象的面子工程，其结果不但会背离高质量经济发展的内在要求，而且将对省域高等教育的生态结构产生不良的负面影响。对参与其中的知名高校来说，如果只是为了扩大办学用地，贪大求全布局各类学科，而忽视自身的学科生态系统，那么未来的多校区管理、学科结构、师资稳定等将成为制约高校内涵式发展的重要因素。

四、为创新而创新，开展形式多样的制度变革

地方政府之间的竞争包括对有形资源与无形资源的竞争，前者主要体现在要素层面，相对强调短期效应；后者主要体现在制度层面，相对强调长期效应。由于制度层面的竞争一般会受到利益既得者的抵制，且开展竞争的代价较高，预期效益充满不确定，行为主体一般不愿意推动制度层面的竞争。但随着全面深化改革的推进，国家日益强调治理体系与治理能力提升的价值导向，制度层面的创新和竞争日益引起地方政府的重视。事实上，"双一流"建设本身正是推进高等教育体系优化、构建现代大学制度、提升高等教育治理能力的重要抓手，同时明确指出了制度建设的重要性。

纵观各地区在"双一流"建设制度层面的竞争行为，主要体现在以下几

---

① 徐高明. "双一流"背景下的大学名城建设——"南深圳、北青岛"现象分析[J]. 教育科学，2017（5）：64-72.

个方面：第一，各地区围绕"双一流"政策制定了配套政策，但政策间的衔接性不足。各地区"双一流"政策的实施虽然强调教育厅、财政厅、科技厅等多个部门的协同推进，但一些政策是由不同部门制定出台的，致使各个部门之间存在主体不清、责任不明、协调不畅等问题。第二，各地区实施了形式多样的分层分类支持与考核机制，实际上却是注重分层而弱化分类，只重点建设少数高校和学科，将不少高校和学科排除在外。第三，注重学科体系结构的调整。针对区域内原有不合理的学科结构进行优化，打造高峰学科，重视特色学科，建设学位点等，本是地方政府发挥高等教育统筹权的体现。但是，一方面，各地区集中资源对优势学科进行重点支持，尤其是关注国际化程度更高的自然科学领域的学科，致使出现入选学科同质化严重的情况；另一方面，一些地区片面地依据学科评估结果盲目裁撤或合并部分学科，一些规模小、应用性不强的学科遭到重创，主要体现在人文社会学科领域或学科点建设根基不牢的部分工程学科领域上。第四，实施学术特区与试点改革。开展"双一流"建设以来，地方政府针对入选的高校或学科实施了形式多样的试点改革或学术特区，旨在为其发展提供政策上的特殊支持，以及较为特殊的待遇。然而，在其他制度体系并不完善的情况下，针对部分高校或学科的"特殊待遇"一方面很容易诱发学科发展的等级化，另一方面很容易诱导相关主体竞相争取试点改革或学术特区的名号，而忽视试点改革带动整体制度创新的本质所在，从而使改革流于形式。

第四节 对地方政府"双一流"建设走向良性竞争的思考

地方政府参与"双一流"建设竞争有助于加强制度创新，推动高等教育改革与发展，因此并不能因为地方政府之间的过度竞争而去限制竞争，而应引导地方政府从不规范的不良竞争走向规范有序的良性竞争。这不但需要明确地方"双一流"建设的价值导向，而且需要明确地方政府通过"双一流"建设推动高等教育内涵式发展的内生动力。其中，中央政府需做好顶层设计，地方政府需建立区域协调机制，抓住"双一流"建设评价体系这一关键突破口。

一、地方政府"双一流"建设的重要目标在于优化高等教育体系

地方政府的"双一流"建设需以国家"双一流"建设的目标为指导，为些各地方政府需结合所在地区的高等教育现状做出系统规划设计，这是地方政府"双一流"建设走上良性竞争轨道需要明确的基本前提。目前，地方政府之间出现不良竞争行为的一个重要原因是围绕资源获取进行短期的要素竞争，表现出极强的功利机会主义，偏离了这一价值导向。基于此，地方政府推进"双一流"建设应重点把握以下两点。

第一，地方政府"双一流"建设应兼顾效率与公平，注重优化高等教育体系结构。国家层面的"双一流"旨在实现前沿科技的突破和重大理论的创新，提升我国高等教育的国际竞争力，因此更多关注效率，遵循优中选优，重点支持强势学科，以保证资源集中投入。如前所述，地方政府是本地区"双一流"建设的主要推动者，其建设效果直接关系着国家"双一流"建设的整体成效。因此，地方政府"双一流"建设除了需对接国家重大需求之外，更需关注区域高等教育体系结构的优化调整，坚持"扶特、扶需、扶新"的原则，重点支持特色学科、新兴学科、前沿学科，合理定位，满足多元化的区域需求，对高校给予更全面的支持，注重效率兼顾公平。这不仅是高等教育内涵式发展的必然选择，也是破解众多地方高校未来生存危机的核心导向。此外，面对以往政策带来的身份固化、竞争缺失、重复交叉等问题，"双一流"建设应坚持竞争优选、专家评选、政府比选、动态筛选的基本原则[1]，这正是"双一流"战略的创新所在。由此可见，地方政府在"双一流"建设中应注重对高等教育体系的优化。

另外，地方政府还应该把握高等教育发展阶段的差异性。我国不同省份高等教育的发展基础存在一定差异，各自采取的策略有其特殊性，不宜完全借鉴，盲目的模仿竞争不利于区域高等教育的生态发展。

第二，立足区域客观现实，对省域高校进行科学合理分类。"双一流"战略的推进不能回避高等教育发展阶段的基本规律，其中多样化是高等教育普及化阶段的基本特征，而多样化的核心是高校合理分类。同时还应该看到，高教

---

[1] 陈洁. 竞争优选、专家评选、政府比选、动态筛选——"四选"奠基"双一流"[N]. 人民日报，2017-04-27（18）.

强省不是个别高校或个别学科的孤芳自赏,而是高等教育体系的合理布局、有效互动,应紧紧抓住分类支持这一核心动力,引导高等教育多样化发展。事实上,各地区"双一流"建设实施的核心策略之一正是分层分类指导,但是不少地区并没有真正把握高校分类的原则、功能与目的,而是简单地将分层等同于分类,更多关注世界、国内、省级一流,部属、省属、市属高校等。因此,首先,省级政府需明确推进省域高校分类是实施"双一流"建设的关键,分类能够协调多个变量,引导不同高校合理定位。其次,组建专家小组,立足本省实际,系统调研,提高省域高校分类的科学性与可行性。例如,江苏为促进高等学校分类发展,开展了深入调研,并出台了《江苏高等教育分类发展、分类管理和分类评估指导意见》,对不同类型高等学校进行宏观引导、协调和服务,建立多样化、不同类型高校之间协调发展、特色发展,同类型高校之间竞争发展、争创一流的高等教育分类体系。最后,地方政府还需制定高校分类的多样化指标体系,有效实施分类管理与评估,同时在管理中动态调整分类指标,避免出现分类与管理"两张皮"的现象。

二、地方政府"双一流"建设的内生动力在于制度创新

地方政府掌握着本地区高等教育资源的基本信息,是高等教育改革发展与制度创新的主要行动者。然而,长期以来我国高等教育的制度供给主要是由中央政府自上而下推动的,即便地方政府意识到了制度创新的潜在需求,迫于上级压力以及对相关政策潜在冲突的估量,一般会选择规避或迂回策略,导致改革往往流于形式,缺乏整体性。目前我国正处于社会转型期,改革进入攻坚克难阶段,对此中央政府多次明确表示要高度重视基层经验的探索,注重提升基层制度的创新能力,要敢于突破体制性、结构性的深层次矛盾,以改革创新激发各领域增长的内生动力,用制度创新巩固改革成果。①

因此,地方政府应意识到"双一流"建设所处的时代背景已经发生变化,从长远发展来看,高等教育系统优化作为"双一流"建设的重要目的,其关键在于制度竞争与创新,在于软环境的营造,而非对某一指标或要素的片面追求和盲目竞争,或关注短期功利化的目标。资源要素可以依靠财政投入在市场中通过竞争在短时间内获得,但是其要产生化学效应却需要政府提供良好的

---

① 王佳宁,罗重谱. 中国全面深化改革述评:2013—2017年[J]. 改革,2017(10):5-34.

制度环境与激励机制，并且后者往往能激发资源要素的自发集聚。高等教育要实现高质量的内涵式发展，简单模仿的竞争策略已经失去有效性，走差异化、多样化的竞争策略才是发展之道。此外，地方政府"双一流"建设与高等教育全面深化改革同步推进的重点是相关制度的创新与完善，并非单纯的指标性建设。因此，地方"双一流"建设需在改革中推进，通过创新性举措为良好制度的创设提供空间。目前，部分省份在"双一流"建设中实行的"一校一策"策略、省市共建模式、以学院为实体的改革已经体现了地方政府的制度创新。

三、中央政府与地方政府协调构建区域间高等教育资源流动的利益协调机制

构建区域协调机制是破解地方政府无序竞争的重要途径，且对协调中央与地方以及地方政府之间关系、优化资源配置和要素流动、增强区域发展的联动性与整体性具有重要意义。地方政府在"双一流"建设领域过度竞争的一个重要原因正是缺乏区域间高等教育资源流动的利益协调机制。事实上，新时代背景下，我国实施区域协调发展战略的一个重要出发点正是出于地方政府竞争无序的考虑。2018年出台的《中共中央 国务院关于建立更加有效的区域协调发展新机制的意见》明确提到："我国区域发展差距依然较大，区域分化现象逐渐显现，无序开发与恶性竞争仍然存在，区域发展不平衡不充分问题依然比较突出，区域发展机制还不完善，难以适应新时代实施区域协调发展战略需要。"

因此，第一，政府在推进京津冀协同发展、粤港澳大湾区建设等重大区域协调发展战略时，充分考虑高等教育的融入，使高等教育及时享受制度红利，探索区域高等教育合作典范，降低区域间合作的制度成本，避免过度竞争。第二，进一步协调中央政府与地方政府的关系，给予地方政府更大的高等教育统筹权，以便地方政府之间围绕学科发展、人才需求、产业布局等构建大数据共享平台，为高等教育发展提供决策参考，避免出现政策盲目趋同或政策洼地现象。第三，地方政府之间联合设置跨区域协调机构，围绕高等教育资源要素流动构建区域共享与约束机制。以高层次人才引进为例，在区域内形成规范机制，规范人才市场，以对不顾学科实际恶性挖人行为进行规制。

四、不断完善"双一流"建设的考核评价体系

地方政府围绕国家"双一流"建设考核评价体系展开竞争，因此，不断完善"双一流"建设的考核评价体系至关重要。虽然国家"双一流"建设方案是一个全面、综合的评价体系导向，但在实际的绩效考核和资源配置上却呈现出严重的指标化倾向。于是，地方政府及官员基于任期的限制，往往选择短期内可以最大化彰显其政绩的指标，集中表现于外显指标的要素竞争。于是，根据大学排名进行办学、将 ESI 学科排名等同于学科水平的不良现象成为普遍现象，严重影响了高校的内涵式发展。为此，建议中央政府在"双一流"建设评价中明确过程性、发展性、全面性的基本原则，注重高校的类型差异与学科差异，从而为地方政府制定本地区的评价指标提供政策指导，进而形成多样化、差异化的评价体系。

第二章
"双一流"建设中地方高水平大学的概念界定与核心要素

在"双一流"战略深入推进背景下,地方政府相继出台了"双一流"建设和高水平大学建设的相关政策文件和实施方案,几乎都把主要目标聚焦在世界一流大学、国内一流大学和区域高水平大学建设上。对于河北省来说,建设国内一流大学和区域高水平大学是其"双一流"建设的阶段性目标,也是最终建成世界知名高水平大学的前提。因此,明晰地方高水平大学的概念和核心要素成为河北省"双一流"建设深入实施的当务之急。

第一节 地方高水平大学的概念界定

本节主要运用文献计量法和文本分析法,对学者已有观点、部分地方政府的相关政策文本以及部分地方高水平大学的办学目标三方面进行详细解读,高度归纳地方高水平大学的内涵和特征。

一、地方高水平大学的概念

（一）研究方法和数据来源

词频分析法主要是通过编码并计量关键词的方式，揭示关键词在统计学意义上的规律。[1]本部分主要采取词频分析法，通过选取具有代表性的学术期刊论文、部分省份的"双一流"政策文本和部分地方高水平大学的办学目标，来归纳和提炼地方高水平大学的概念和特征。

本研究的具体实施主要分为3个阶段：第一个阶段，通过搜集和整理有关地方高水平大学的代表性文献，运用词频分析法提炼地方高水平大学的核心词汇，进而为明确地方高水平大学的要素和特征奠定基础。第二个阶段，为了提高地方高水平大学概念的准确性，从两个维度进行再论证：其一是省级政府出台的"双一流"政策文本对该省高校的定位；其二是选择武书连2019中国大学排行榜中部分排名靠前的地方高校的办学目标和办学定位，来进一步印证地方高水平大学的内涵。第三个阶段，通过对地方高水平大学内涵的准确把握，高度归纳和提炼地方高水平大学的核心要素。这也为下文对"双一流"建设背景下河北省高水平大学建设现状与进展的考察提供了基本的分析维度。

（二）地方高水平大学概念的归纳

以中国知网为检索平台，以"地方高水平大学"并含"概念"为主题的检索方式，共检索到415篇文献；以"区域高水平大学"并含"概念"为主题的检索方式，共检索到489篇文献。[2]经过笔者的认真阅读、筛选，最终选取了具有代表性的16篇文献。由于学者对地方高水平大学的理解有所不同，所以先运用词频分析法筛选出16篇文献中有关地方高水平大学概念的核心词汇，然后通过对核心词汇的归类和整理提炼出主题关键词，再通过主题关键词的频次、频率等指标来确定其重要性，最终准确地界定地方高水平大学的概念和特征。与以往学者个人思辨性的概念界定相比，这种方法能够更加科学、客观地呈现地方高水平大学的基本内涵。

---

[1] 马费成，张勤. 国内外知识管理研究热点——基于词频的统计分析[J]. 情报学报，2006（2）：163-171.

[2] 检索时间为2020年3月29日。

表 2-1 16篇代表性文献对"地方高水平大学"概念及核心词汇的描述

序号	作者	期刊（报纸）	题目	概念描述	核心词汇
1	朱格孝	《中国高教研究》（2008年第7期）	《经费结构视角：地方高水平大学面临的挑战及发展机遇》	在我国，地方所属、目标在于建设"高水平大学"的"211工程"大学，简称地方高水平大学。地方高水平大学的一个明确定位就是：立足当地、面向全国，办成在国际上知名的有特色的地方研究型大学，可以说，地方高水平大学兼具有特色和地方性和高水平两大特点	隶属地方、面向全国、国际知名、有特色、地方性、高水平
2	黄双华 周海洋	《中国成人教育》（2011年第11期）	《论地方特色大学的内涵与特质》	在人才培养、科学研究、社会服务领域具有鲜明特色的大学，是地方特色学校与学校合度肯定的大学，是地方性、区域性特色彩浓厚，以服务地方经济发展为宗旨的大学	特色鲜明、地方性、区域性、服务地方经济发展
3	鄂广生	《光明日报》（2013年1月23日第16版）	《建地方高水平大学 提升教育整体质量》	地方高水平大学是地方高校中的领军高校，是区域性的新兴的骨干力量，经过长期的历史积淀和建设发展，基本形成了"办学历史悠久、地域特色鲜明、综合实力较强、区域地位突出"的良好办学基础，在人才培养、科学研究、社会服务、文化传承创新上已凸显出区域内其他高校无可比拟的优势	地方领军高校、引领性、地域特色鲜明、办学历史悠久、综合实力较强、区域地位突出、区域优势
4	张立彬	《中国高教研究》（2013年第5期）	《"区域特色、全国一流"：地方高水平大学办学目标定位及其路径选择——以浙江工业大学建设地方高水平大学为例》	地方高水平大学的"区域特色、全国一流"。地方高水平大学的核心和本质是研究，因而更关注本地方高水平大学的水平质上是人才、学科、科研的水平	区域特色、全国一流、高水平
5	王超 王大勇 阜力 张爱林	《集美大学学报（教育科学版）》（2014年第1期）	《地方高水平大学发展的战略定位研究》	地方高水平大学是指，全国"211工程"建设中的地方大学或全部共建的高校，这些办学历史较为悠久，综合实力较强，发展潜力较大，区域影响突出，一般具有博士学位授予权的高校，是具有区域发展性、更是区域经济发展的核心力量	地方大学、办学实力强、办学历史悠久、综合实力大、区域影响突出、地方高校排头兵、服务区域经济发展
6	刘海燕 许士荣	《浙江工业大学学报（社会科学版）》（2014年第3期）	《我国地方高水平大学建设的现状、困境与路径》	地方高水平大学兼具地方性和高水平性两大特点。地方高水平大学是指省属重点大学中办学水平达到或接近"211工程"高校办学水平的大学	地方性、高水平、省属重点大学、办学水平高

第二章 "双一流"建设中地方高水平大学的概念界定与核心要素 | 43

续表

序号	作者	期刊（报纸）	题目	概念描述	核心词汇
7	金保华 王英	《教育探索》（2014年第4期）	《地方高水平大学的发展战略研究》	地方高水平大学一般是指地方所属的"211工程"大学与省属共建的地方大学。它们是地方高等教育的先行者与排头兵，"办学历史悠久、地域特色鲜明、综合实力较强、区域地位突出"就其本质而言，地方高水平大学兼具地方性和高水平两大特点。	地方所属，地方高校排头兵，历史悠久、地域特色鲜明、综合实力较强、区域地位突出，地方性、高水平
8	孙垫	《福州大学学报（哲学社会科学版）》（2014年第6期）	《高等教育综合改革与地方高水平大学建设》	地方高水平大学是区域综合实力和科学技术文化水平的标志，也是引领区域经济社会和高等教育发展的核心力量。	区域综合实力强，科研水平高，服务区域经济发展
9	王庆环	《光明日报》（2014年11月4日第15版）	《地方高水平大学的困境与突破》	地方高水平大学，就是那些非教育部所属，在所在省份当中是"领头羊"的大学。它们一般生源质量好，录取分数高，学校师资力量雄厚，有院士、有博士后、硕士授权点，博士和硕士人数比重大，另外，硬件设施良好，建筑面积大，社会影响大。它们一般都是"211工程"重点建设高校，或是近年入选"中西部高校综合实力提升工程"即"一省一校"的高校。	地方所属，地方高校领头羊，社会影响力，重点建设高校
10	赵磊 朱泓	《黑龙江高教研究》（2015年第5期）	《区域特色高水平大学发展路径探析——基于教育生态学视域》	区域特色高水平大学应是具有明显的区域特征且在特定区域内办学实力一流的地方性大学	区域特色明显，办学实力一流，地方性
11	陈杰 徐吉洪	《国家行政学院学报》（2015年第11期）	《高等教育强省视阈下的地方高水平大学建设》	地方高水平大学是指排在中央部委所属大学"排头兵"角色的大学，是驱动区域经济社会和高等教育发展的核心力量。地方高水平大学一般具有"办学历史悠久、地域特色鲜明、综合实力较强、区域地位突出"等特点，地方高水平大学是特色与质量的统一体	地方所属，服务区域经济发展，办学历史悠久、地域特色鲜明、综合实力强、地位突出，高质量
12	庞龙斌	《当代教育论坛》（2016年第1期）	《区域化定位与国际化战略：地方高水平大学建设的共性和视角》	"地方性"和"高水平"是地方高水平大学的两个根本特征，"地方性"是其存在和发展的基础，"高水平"是其社会责任和服务意识的体现	地方性，高水平，服务地方经济发展

续表

序号	作者	期刊（报纸）	题目	概念描述	核心词汇
13	方泽强 刘红鸽	《山东高等教育》（2016年第2期）	《区域高水平大学：内涵、指向与方略》	区域高水平大学是服务区域、发挥文化引领功能的卓越大学；区域指向性，办学硬件实力和办学软件水平，在总体上比区围同类院校要高，具有综合比较优势；具域内同类院校要高，具有综合比较优势；具有引领性	服务区域、卓越大学、办学实力较强、高水平、区域性
14	徐高明	《中国高教研究》（2017年第1期）	《省域高水平大学建设：内涵、动因及路径》	省域高水平大学是指那些在某一省域范围内，受所在省份支持，为所在省份服务，或整体实力较强，发展潜力大的高校。简单地说，就是那些在某一省域范围内质量高、特色明，发展潜力大的中央部（委）属及地方高校	地方性、整体实力强、特色鲜明、发展潜力大、质量高
15	金久仁	《江苏高教》（2017年第7期）	《地方高水平大学建设的定位与路径研究》	地方高水平大学以地方政府管理和地方财政支持，以建设"省域内具有鲜明特色优势"的大学为主要特征。"省域内具有鲜明省域特色优势"和"具有鲜明省域特色优势"的大学为目标	地方性、省域特色鲜明
16	全国教育科学规划领导小组办公室	《大学（研究版）》（2017年第10期）	《"建设高等教育强国背景下地方高水平大学发展战略研究"成果报告》	地方高水平大学是指行政上隶属于地方，由地方政府财政支持，目标在于共建国内一流大学的"211工程"大学与省部共建的地方大学。地方高水平大学兼具地方性和地方大学的历史积淀和发展，地方高水平大学本身就具有办学历史悠久、地域特色鲜明，综合实力较强，区域地位突出，在地方高校中处于"领头羊"和"排头兵"的位置	地方性、高水平、办学历史悠久、地域特色鲜明、综合实力较强、区域地位突出、地方高校"领头羊"

根据表2-1中文献对地方高水平大学概念的描述，首先提炼出核心词汇，然后对内涵相同和相近的词汇进行高度归纳，形成主题关键词，如将"隶属地方""地方性""区域性""地方大学""地方所属"等归纳为"地方性"，将"有特色""特色鲜明""区域特色"等归纳为"特色鲜明"，将"服务地方经济发展""区域创新""服务区域经济发展""服务区域"等归纳为"区域服务能力"，最终共形成12个主题关键词，并统计其相应的频次、频率和出现率[①]，如表2-2所示。通过统计主题关键词的频次、频率和出现率来挖掘呈现地方高水平大学核心特征和要素的词汇的这种分析逻辑，严格遵循了质性研究编码的分析范式，即先挖掘出相关主题范畴的内在关系，然后解构再重构，最终提炼出地方高水平大学的概念。

表 2-2 "地方高水平大学"主题关键词的数量统计

序号	关键词	频次	频率（%）	出现率（%）
1	地方性	16	17.78	100.00
2	高水平	13	14.44	81.25
3	特色鲜明	12	13.33	75.00
4	综合实力较强	10	11.11	62.50
5	引领示范作用	8	8.89	50.00
6	区域服务能力	8	8.89	50.00
7	社会影响力	6	6.67	37.50
8	办学条件	5	5.56	31.25
9	教育质量	4	4.44	27.75
10	历史基础	4	4.44	27.75
11	人才培养	2	2.22	13.88
12	文化传承与创新	2	2.22	13.88

为了更清晰地揭示地方高水平大学的内涵与外延，下面对主题关键词的基本信息进行初步分析，以呈现地方高水平大学这一核心概念的下属范畴。

第一，"地方性"（出现率为100%）、"高水平"（出现率为81.25%）、"特色鲜明"（出现率为75.00%）是"地方高水平大学"的本质属性。"引领示范作用"（出现率为50.00%）、"区域服务能力"（出现率为50.00%）和"社会影响力"（出现率为37.50%）既是"地方高水平大学"的重要职责和使命，也是

[①] 周光礼，武建鑫. 什么是世界一流学科[J]. 中国高教研究，2016（1）：65-73.

"地方性""高水平""特色鲜明"的具体体现。总之，这是地方高水平大学办学定位与价值取向的主要指向。

第二，"综合实力较强"（出现率为 62.50%）既是"地方高水平大学"的重要内容，更是"地方性""高水平""特色鲜明"的综合体。具体来说，"办学条件"（出现率为 31.25%）、"教育质量"（出现率为 27.75%）、"历史基础"（出现率为 27.75%）、"人才培养"（出现率为 13.88%）和"文化传承与创新"（出现率为 13.88%）等虽然出现率较低，但必不可少，这些要素均是大学综合实力较强的重要内容和具体表现形式。

从学界相对公认的主题关键词来看，"地方性""高水平""特色鲜明""综合实力较强"是界定"地方高水平大学"的四个重要关键词。从中不难得出，地方高水平大学主要是指隶属于地方，以"国内一流、国际知名"为办学定位，以服务区域经济发展、引领地方高等教育发展、具有较大社会影响力为重要使命，并且拥有较强综合实力、鲜明办学特色的高水平大学。

二、"地方高水平大学"概念的再印证

前文关于地方高水平大学概念的讨论主要聚焦在学术层面，那么其操作性层面如何呢？有必要通过其他分析路径进一步考察和验证其概念界定的科学性和有效性，主要有两个思路：第一，开展"双一流"建设以来，绝大多数省级政府专门出台了地方高水平大学建设的相关政策文件，有必要从政策层面对其进一步考察。第二，很多关于地方高水平大学的研究将大学排行榜中排名靠前的地方高校作为案例进行分析，因此，选择大学排行榜中排名靠前的地方高校对其办学目标的描述进行验证也是一个值得考察的分析视角。本研究选取武书连 2019 中国大学排行榜前 100 名中的部分地方高水平大学的办学目标作为样本进行解析，以期进一步印证地方高水平大学的概念并得出地方高水平大学的特征和核心要素。

（一）基于部分省份出台"双一流"政策文本的分析

为对地方高水平大学的概念和核心要素进行进一步印证，本部分对部分省份有关高水平大学建设的相关政策文本进行了分析，如表 2-3 所示。通过从政策文本中提取关键词发现，"综合实力强""办学特色""区域特色""一流学

科（特色学科）""服务区域经济社会发展"等均是地方高水平大学建设中的重要内容，与前文代表性文献所归纳的核心词汇具有高度一致性，这说明学术层面的概念界定在政策制定层面得到了印证。

表2-3 部分省份地方高水平大学建设相关政策文本中的核心词汇情况

序号	省份	政策文件	指导思想（建设目标）	核心词汇
1	江苏	《江苏高水平大学建设方案》	以特色一流为核心，以立德树人为根本，以服务发展为导向，既面向所有高校持续实施江苏高校优势学科建设工程、品牌专业建设工程、协同创新计划、特聘教授计划等四大专项，进一步彰显特色优势，夯实高水平大学建设的核心基础，又支持具备一定实力的大学建成国内领先、国际知名的高水平大学，加快走向世界一流，进一步提升综合实力和国际竞争力，推动高等教育强省建设，为"迈上新台阶、建设新江苏"提供有力支撑	特色一流、服务经济社会发展、国内领先、国际知名、综合实力、国际竞争力
2	内蒙古	《内蒙古自治区统筹推进国内和世界一流大学一流学科建设的总体方案》	在自治区重点高等学校和重点学科建设中，突出地方和民族特色优势，争创国内一流，瞄准世界水平，加快建成若干所国内世界一流大学和一批国内世界一流学科，提升我区高等教育综合实力，为实现教育现代化、实施创新驱动发展战略、促进自治区经济社会发展、打造祖国北疆亮丽风景线提供有力支撑	地方特色、民族特色优势、一流大学、一流学科、高等教育综合实力、服务经济社会发展
3	甘肃	《统筹推进高水平大学和一流学科建设实施方案》	以立德树人为根本，以甘肃特色、一流目标为核心，以支撑创新驱动发展战略、服务经济社会发展为导向，加快建设一批高水平大学和一流学科，全面提升我省高等教育综合实力，为建设幸福美好新甘肃、促进区域经济社会发展提供有力支撑	甘肃特色、一流目标、服务经济社会发展、高水平大学、一流学科、高等教育综合实力
4	河北	《河北省人民政府关于统筹推进一流大学和一流学科建设的意见》	到2020年，3所左右大学达到或接近国家一流大学水平，一批学科进入国家一流学科行列，个别学科进入世界一流学科行列。到2030年，若干所大学进入国家一流大学行列，更多学科进入国家一流学科行列，10个左右学科进入世界一流学科行列，我省高等教育整体实力显著提升。到本世纪中叶，有高等学校达到或接近世界一流大学水平，更多学科进入世界一流学科行列，国家一流大学和一流学科的数量显著增加，基本建成高等教育强省	一流大学、一流学科、国家一流、世界一流、高等教育综合实力
5	山东	《推进一流大学和一流学科建设方案》	以立德树人为根本，以支撑人才强省战略和创新驱动发展战略、服务我省经济社会发展为导向，以学科建设为基础，支持高水平学科保持领先水平，鼓励优势特色学科争创一流，推动若干所大学和一批学科达到国际知名、国内领先水平，带动我省高等教育持续健康发展，为经济文化强省建设提供更加有力的人才保障、智力支持和科技支撑	服务经济社会发展、优势特色学科、国际知名、国内领先

资料来源：笔者根据5个省份"双一流"政策文本相关内容整理所得

(二) 基于大学排行榜排名靠前的部分地方高校办学目标的分析

本部分选取武书连 2019 中国大学排行榜排名前 100 名中的非教育部或其他部委直属的 10 所地方大学作为样本，如表 2-4 所示。样本高校在武书连 2019 中国大学排行榜中的排名处于前列，是地方高水平大学的典型代表。本部分主要通过分析这 10 所样本高校的办学定位或发展目标，来进一步明确地方高水平大学的特征和要素。

表 2-4　10 所代表性地方高水平大学的办学定位或发展目标

序号	学校名称	排名	办学定位/发展目标	核心词汇
1	苏州大学	24	努力建设成为具有学科、区域和国际化特色的国内一流、国际知名的高水平研究型大学，成为区域内高水平创新人才培养、高新技术研究、高层次决策咨询的重要基地，引领区域经济、社会和文化的发展	学科特色、区域特色、国际化特色、国内一流、国际知名、高水平、研究型、区域重要基地、引领区域发展
2	郑州大学	35	着力打造全国一流大学，努力建成中部地区的人才高地、科研基地和交流合作中心，打造一流学科，争创一流大学，为全面建成小康社会、实现中原崛起与中华民族伟大复兴做出新贡献	一流学科、一流大学、中部中心、服务区域发展
3	上海大学	40	努力成为我国高素质人才培养、高层次决策咨询、高水平科学研究以及推进高新技术发展和成果转化的重要基地，成为国际知名、国内一流、特色鲜明的综合性研究型大学	国际知名、国内一流、特色鲜明、综合性、研究型
4	江苏大学	41	坚定不移地走以提升质量、强化特色为核心的内涵式发展道路，为把学校早日建成"高水平、有特色、国际化研究型大学"而努力奋斗	内涵发展、高水平、有特色、国际化、研究型
5	福州大学	64	确立走区域特色创业型强校之路的办学理念，正朝着建设具有较强学科相对优势、体现教学研究型办学特色和开放式办学格局的我国东南强校的奋斗目标大步迈进，努力为国家和海峡两岸经济区建设做出更大的贡献	区域特色、学科优势、办学特色、服务区域发展、东南强校
6	浙江工业大学	65	努力建成区域特色鲜明的综合性研究型大学，为区域经济腾飞、社会进步和国家富强、民族振兴做出应有的贡献	区域特色鲜明、综合性、研究型、服务区域发展
7	扬州大学	66	全面贯彻党的十八大和十八届三中、四中、五中全会精神，以马克思列宁主义、毛泽东思想、邓小平理论、"三个代表"重要思想、科学发展观为指导，深入贯彻习近平总书记系列重要讲话精神，坚持解放思想，推进综合改革，注重以人为本，加强内涵建设，大力推进"规模大校"向"内涵强校""改革名校""质量名校"的转变，朝着"国内一流、国际知名、特色鲜明的高水平研究型大学"的目标阔步迈进	内涵发展、国内一流、国际知名、特色鲜明、高水平、研究型

续表

序号	学校名称	排名	办学定位/发展目标	核心词汇
8	首都医科大学	67	努力建设成为立足首都、面向全国、走向世界，国内一流、国际知名的医科大学	立足地方、国内一流、国际知名、医科特色
9	华南师范大学	68	立足广东、辐射港澳、面向世界，致力于培养卓越教师、推动区域教育发展、引领中国南方教师教育，为国家和区域经济社会发展提供人才支撑、智力支持和文化服务，为建设国内一流、世界知名的综合性师范大学而努力	立足区域、国内一流、世界知名、综合性、教师教育特色、服务区域发展
10	河南大学	74	学校明确"中国特色、世界一流、中原风格"的发展定位，贯彻落实学校第十一次党代会精神，坚持内涵式发展，持续改革创新，努力实现到2025年，世界一流大学建设成效显著，学校综合实力快速提升；到2035年，学校总体实力和水平处于国内一流大学前列，各项国际可比指标接近世界一流大学；到本世纪中叶，建成一批世界一流学科，办学水平和学术声誉得到世界公认，建成具有重大国际影响力的世界一流大学	中国特色、世界一流、中原风格、内涵式发展、国际影响力

资料来源：10所地方高水平大学的办学定位或发展目标的表述是笔者从各校官网上的学校简介部分整理得出

从这10所样本高校的办学定位或发展目标来看，涉及"立足地方""区域特色鲜明""服务区域发展""综合性""研究型""国内一流""国际知名"等主要内容，与前文高度归纳提炼的"地方性""高水平""特色鲜明""综合实力较强"四个主题关键词保持了高度一致。这也再次印证了学术层面地方高水平大学的概念界定。

综上可知，在梳理了16篇代表性文献、解读了5个省份地方高水平大学建设相关政策文本以及分析了10所地方高水平大学办学定位或发展目标的基础上，本节明确界定了地方高水平大学的内涵及其特征，并对其进行了印证，基于此，下文将进一步阐释地方高水平大学的核心要素。

第二节 地方高水平大学的核心要素

通过上文的归纳和印证，可以得出地方高水平大学主要是指隶属于地方，以"国内一流、国际知名"为办学定位，以服务区域经济发展、引领地方高等教育发展、具有较大社会影响力为重要使命，并且拥有较强综合实力、鲜明办学特色的高水平大学。其中，"综合实力较强"是地方高水平大学的整体表征，这是学术界公认的一个对地方高水平大学相对宏观的概括。"地方性或区域性""高水平""特色鲜明"是地方高水平大学的外在标志，这是学术界对地方高水平大学最直接认识的核心维度，主要聚焦于办学定位与特色。因此，地方高水平大学的核心要素为地方性或区域性、高水平、特色鲜明、综合实力较强四个方面。

第一，地方性或区域性。"地方性或区域性"主要体现在三方面：因地方而设置；主要受地方财政支持；主要为地方社会、政治、经济、文化发展服务。其一，因地方而设置。这一点能够从高校名称上直观地反映出来，即学校名称一般冠以所在地区的地名。地方高水平大学隶属于地方政府，多是地方重点建设高校，"地方"是建设和发展地方高水平大学的主要因素，如朱恪孝[1]、金保华和王英[2]等学者在对地方高水平大学的概念进行界定时都提及了"地方所属""省属重点大学"等关键词，这是地方高水平大学最基本的标签。其二，主要受地方财政支持。地方高水平大学在发展过程中主要是受省级政府及其相关部门的支持，包括物质资源、政策文件、精神理念等的支持。因此，地方政府是地方高水平大学发展的主要支持者，这是由地方高水平大学隶属关系的属性决定的。其三，主要为地方社会、政治、经济、文化发展服务。地方高水平大学具有引领和推动区域高等教育和区域经济社会发展的重要责任，包括办学定位、科学研究、人才培养、社会服务等方面具有鲜明的地方指向性，这是地方高水平大学在地方经济社会发展中所担当的无可替代的责任。[3]立足地方、依托区域优势、为区域服务是地方高水平大学办学特色的高度体现。地方高水平大学的最大优势就是充分依托本地区独有的资源条件，这是其能够在激烈的高校竞争中取得更好发展的突破点，也是地方政府建设高水平大学的主要出发点。地方高水平大学受地方支持，为地方服务，进而持续得到地方政府的支持，这是一个互利共赢的良性循环。由此来看，"地方性"不仅体现在隶属关系上，更体现在地方高水平大学通过深入挖掘地方特色打造办学特色，并以此为地方政治、经济、社会发展服务上。前文所涉及的"区域服务能力""引领示范作用"均是地方高水平大学在这方面的重要体现。

---

[1] 朱恪孝. 经费结构视角：地方高水平大学面临的挑战及发展机遇[J]. 中国高教研究，2008（7）：36-39.

[2] 金保华，王英. 地方高水平大学的发展战略研究[J]. 教育探索，2014（4）：18-20.

[3] 王守法. 突出服务特色：争创高水平地方大学的必然途径[J]. 中国高等教育，2009（10）：18-20.

第二，高水平。"高水平"主要体现在地方高水平大学的办学定位和教育质量两方面。2011年4月，国家主席胡锦涛同志在庆祝清华大学建校100周年大会上的讲话中强调："建设若干所世界一流大学和一批高水平大学，是我们建设人才强国和创新型国家的重大战略举措。"[1]在建设世界一流大学和世界一流学科的过程中，要采取高校分类发展，明确不同层次高校的办学定位，提升我国高等教育的整体实力。在实施"双一流"战略背景下，部分省份出台的相关政策文件根据高校发展水平、办学侧重点等，明确了不同层次高校的办学定位。例如，河北省"双一流"战略明确要按照分类支持、重点建设的原则对若干所一流大学和一批一流学科进行支持[2]；甘肃省人民政府印发的《统筹推进高水平大学和一流学科建设实施方案》中指出，要"引导各类高等学校科学发展、办出特色"。除此之外，根据前文的内容可知，教育质量也是"高水平"的重要体现，包括生源质量、高校排名情况、博士点数量等。这种高水平不是静止不变的，而是不断发展的，诸如某一特色学科，从区域层面来看是高水平，但从全国或全球范围来看，可能仅仅处于中游水平，仍然具有巨大的发展潜力，通过不懈努力，可能就会发展成为全国乃至全球的一流水平。

第三，特色鲜明。"特色鲜明"主要是指一所学校在长期办学过程中积淀形成的本校特有的、比较持久稳定的发展模式，这种发展模式是被社会公认的、优于其他学校的优质办学特征[3]，可以体现在学科建设、人才培养、科学研究、社会服务等方面。其中，学科建设是办学水平、办学特色和核心竞争力的最重要标志，因为其他领域的特色主要依托学科来实现，所谓"办大学就是办学科"的共识正是源于此。因此，一所大学要想办出特色，必须以学科建设作为切入点和突破口。这种办学特色可以源于历史积淀，这一点在人文学科领域表现得比较突出；也可以源于区域产业需求，这一点在具有特色资源的高校表现得非常明显；还可以以学科群的形式体现，这一点主要围绕区域产业链的需求布局。例如，《河南省优势特色学科建设工程实施方案》明确指出，要"加强优势特色学科建设，加快高水平大学和特色骨干大学建设，进一步提升高等教育整体水平"。其中，信阳师范学院的"大别山特色农业资源保护与利

---

[1] 胡锦涛在庆祝清华大学建校100周年大会上的讲话[EB/OL].（2011-04-24）. http://www.gov.cn/ldhd/2011-04/24/content_1851436.htm.

[2] 宋肖肖，张岩，久辉. 河北的"双一流"就是他们啦，部分学校每年可获近亿拨款[EB/OL].（2016-09-08）. http://www.sohu.com/a/113949321_398131.

[3] 黄双华，周海萍. 论地方高水平特色大学的内涵与特质[J]. 中国成人教育，2011（11）：28-30.

用学科群"、安阳师范学院的"甲骨文信息处理学科群"便是优势特色学科的典型代表[①]，体现了传统优势学科建设与区域产业需求的协同互动。

综合发展与特色办学在地方高水平大学中相辅相成、不可或缺，其中，特色学科建设是地方高水平大学加强特色办学、提高核心竞争力的关键。基于区域优势理论来分析地方高水平大学的办学定位和特色学科可以发现，区域资源是地方高水平大学进行特色学科建设的天然优势：利用地域自然资源发展特色学科，能够增强学科发展竞争优势；挖掘地域文化资源，形成特色学科，有利于打造地区文化品牌；考虑区域发展需求，主动对接地方主导产业，形成学科建设与产业发展之间的良性互动。因此，利用区域资源优势，明确高校定位、发展学科特色优势、加强特色团队建设是地方高水平大学特色学科发展的有效路径。

第四，综合实力较强。高校的综合实力包括办学条件、人才培养质量、科学研究成果以及社会影响力等多方面[②]，不仅能全面反映高校的办学软实力水平、基础设施水平，而且能反映高校的发展潜力，主要体现在办学历史基础、办学条件、社会影响力三方面。第一，办学历史基础。这是高校办学以来长期积淀而形成的，是各所高校所特有的，主要包括办学历史、校园文化等。纵观地方高水平大学，一般均具有悠久的办学历史，尤其是优势学科更是具有深厚的历史积淀。第二，办学条件。主要是指高校拥有的各种资源，既包括有形资源，如基础设施、学位点建设、经费投入、科研平台、师资力量等，也包括无形资源，如学校声誉、学校文化、学校品牌、学校影响力等。第三，社会影响力。主要是指高校在社会服务中呈现出的效应，既包括积极服务或引领区域经济发展，也包括培养的学生得到社会的广泛认可。

综上可知，虽然目前有一些关于地方高水平大学的理论研究，但仍处于初步探索阶段。本章紧扣"地方""特色""高水平"，旨在明确地方高水平大学的内涵、特点及核心要素，这有助于深化对地方高水平大学的理性认识，为"双一流"战略下各省级政府建设高水平大学、地方高校向内涵式发展转变，尤其是为明确河北省高水平大学建设目标、发展路径提供有效的实践指导。

---

① 河南省教育厅，河南省发展和改革委员会，河南省财政厅. 河南省教育厅 河南省发展和改革委员会 河南省财政厅关于公布河南省特色骨干大学和特色骨干学科建设名单的通知[EB/OL]．（2020-11-02）. http://jyt.henan.gov.cn/2020/11-02/1882226.html.

② 秦昕昕，宋晓平. 对高校综合实力评估方法的探讨[J]. 学位与研究生教育，2004（3）：48-50.

第二编　实践维度：河北省"双一流"建设中存在的问题与对策建议

河北省深入推进"双一流"建设是积极应对国家"双一流"战略、建设高教强省以及推进高等教育内涵式发展的一项时代课题。其中，拥有高水平大学或一流大学是一个地区具有较高高等教育质量和核心竞争力的重要标志，是建设高教强省的关键，以高水平大学建设为龙头，能有效带动一个地区高等教育质量与水平的整体提高。

本编从省级政府和高校两个层面对河北省"双一流"建设现状进行调研，深入剖析其中存在的问题，在借鉴学习其他省份"双一流"和高水平大学建设经验的基础上，提出合理的对策建议。

一方面，在省级政府层面，构建科学合理的高等教育结构、建设一流的高等教育体系是建设高教强省的核心。其实，高水平大学建设不是某所高校的"单兵突进"，而是需要依靠全省整个高等教育体系的"群体崛起""梯队跟进"。因此，需要积极改善当地的高等教育生态环境、建构一流的高等教育体系。另一方面，在高校层面，以河北省"双一流"建设中4所一层次高校为例，基于地方高水平大学的"综合实力较强""特色鲜明""高水平"三个核心要素（由于本编主要是对河北省4所高校进行分析，所以"地方性"这一核心要素不需要专门探讨），分别从办学目标、学科建设、师资队伍三个方面对其进行分析。

第三章
河北省高教强省建设的问题与对策

河北省于 2011 年出台的《河北省中长期教育改革与发展规划纲要（2010—2020 年）》明确提出向高教强省迈进后，2016 年的《河北省人民政府关于统筹推进一流大学和一流学科建设的意见》、2017 年河北省教育厅等五部门联合印发的《关于深化高等教育领域简政放权放管结合优化服务改革的实施意见》以及 2018 年 12 月 25 日召开的河北省教育大会均强调要由高教大省向高教强省转变和跨越。随着河北省"双一流"战略的深入实施和加速推进，加快高教强省建设显得日益重要和紧迫。本章立足于河北高教强省建设的具体情况，在明确高教强省内涵与特征的基础上，深入剖析其中存在的问题，进而提出高教强省建设的有效策略。

第一节 高教强省的内涵与特征

一、高教强省的内涵

高教强省是一个涵盖先进性、相对性、动态性、过程性等诸多特质在内的综合概念，包含两方面的含义：一方面是指省域高等教育综合实力强，能位居全国前列，且高等教育的发展与地区社会、政治、经济的发展相适应，主要体现在高等教育规模大、质量高、结构优、科研创新能力及人才培养质量高等方面,即高等教育自身强[①];另一方面是指省域高等教育能够引领与支撑省域乃至全国的经济社会与科技发展,即高等教育通过发挥其功能来增强地区的社会、政治、经济实力,发挥其科技、智力和人力资源优势为当地经济、社会与科技发展提供强有力的支撑,满足当地人民群众对高等教育多样化的需求,进而形成独具特色的高等教育优势,即高等教育强省域。高等教育"自身强"和"强省域"的相互作用,既有利于高教强省目标的实现,还有利于高等教育和区域社会、政治、经济发展的良性互动。只有高等教育"自身强",才能为省域内的经济社会发展提供支持;只有高等教育"强省域",才能"以有为求有位",从而得到省域内各方主体和利益相关者的更加重视,以及源源不断的政策、资金等各种支持。

二、高教强省的特征

根据高教强省的概念,河北省高教强省体现出以下四个方面的特征。

第一,高等教育规模大、质量高。高教强省中的高等教育规模和质量具有统一性,主要体现为较大的在校生规模、较高的高等教育普及程度以及一批优质高等教育资源。例如,高等学校数量、高等学校在校生数、每万人在校大学生数及高等教育毛入学率与其他省份相比位于全国前列;有一定数量的一流大学、鲜明特色的地方高校、示范性高职高专院校等以及一流学科、特色学科、重点科研平台、高水平师资等。

第二,高等教育系统结构合理。高等教育层次结构、科类结构、人才培养结构以及区域布局结构等结构性竞争力要素的重要性在高教强省建设中日益凸显。[②]因此,高教强省的建设要充分体现出合理的高等教育布局、层次、类型、学科结构。合理的高等教育结构既能够形成层次分明、结构完整的高等教育体系,又能够实现高等教育发展与区域社会、政治、经济发展之间的协调和互动,进而实现较好的良性循环。一是形成梯度合理、职责明晰的层次结构和类别结构,这是建设高教强省的必然要求;二是形成与区域经济发展需求相适应的科类结构,从而为社会经济结构、产业结构、人力资源需求结构的优化提

---

① 陆连军. 高教强省内涵及实现[J]. 南京航空航天大学学报(社会科学版), 2006(4): 77-81.
② 高树仁, 张秀萍. 高教强省的三重意蕴及其超越性[J]. 江苏高教, 2012(1): 44-46.

供有效的智力资源;三是建立与区域经济社会发展相适应的高等教育布局结构,从而推动区域高等教育特色的形成以及不同区域高等教育系统之间的互补和互动,优化区域高等教育资源布局,进而增强与当前和未来社会政治经济发展的适应性。①

第三,高等教育对省域发展的贡献率高。服务社会政治经济发展既需要高等教育规模大、质量高、活力强,更需要高等教育结构与地区经济结构、产业结构具有较高的匹配度。唯有如此,才能依靠高等教育的人力资源、科学研究和成果转化能力、产学研合作水平等为社会政治经济发展提供智力支持和技术支撑。

第四,区域特色。我国幅员辽阔,不同地区在文化背景、经济结构、人口结构等诸多方面存在显著差异。因此,不同省份建设的高教强省应有不同内涵,河北省建设高教强省应坚持走整体做强、特色彰显的发展道路。唯有立足区域特色的定位,建设一批具有区域特色的高校或学科,河北省高等教育才能形成自己的核心竞争力,才能实现与地方社会、政治、经济之间的良性互动,从而有利于进一步调整高等教育结构、彰显办学特色、提升办学水平。

第二节 河北省建设高教强省的必要性

高教强省和地方高水平大学在区域高等教育体系结构和区域政治经济发展中具有重要地位,是所在地区高等教育整体水平的名片,尤其是在"双一流"建设背景下,各地方政府高度重视并大力推进高教强省建设,对高等教育资源本就比较薄弱的河北省来说,更应该重视高教强省建设并采取积极行动。面对"双一流"建设的时代机遇,其他省份建设高教强省的巨大压力以及河北省政治经济发展对优质高等教育资源、高水平大学的迫切需求,河北省应该抓住一切外部机遇,汲取相关省份的成功经验,积极推进高教强省建设。

---

① 高树仁,张秀萍. 高教强省的三重意蕴及其超越性[J]. 江苏高教,2012(1):44-46.

一、应对"双一流"战略带来的机遇和挑战

"双一流"建设为河北省高等教育的发展带来了重要机遇与挑战。

第一,"双一流"建设带来的重要机遇。纵观河北省高等教育的发展历程可以发现,虽然在国家实行一系列重点建设项目过程中,河北省也采取了一定措施,但由于支持力度小、重视程度不够等,河北省目前既无"985工程"高校,又无教育部直属高校,仅有一所"211工程"高校,处于高水平大学数量少、优质高等教育资源缺乏的现状。而"双一流"建设将引入竞争机制,打破身份固化,为地方高校尤其是不具备"211工程"身份的地方高水平大学的发展提供了新的机遇和可能,更为河北高等教育实现弯道超车提供了有利的发展环境和难得的发展机遇。

第二,"双一流"建设带来的挑战。由于历史原因,河北省本身处于高等教育规模大但质量不高、高校数量较多但高水平大学少、优质高等教育资源稀缺的现状,不但与新中国成立初期河北省的高等教育水平有较大差距,而且与目前其他省份的高等教育水平相比,也缺乏竞争力。同时,在"双一流"建设竞争态势加剧的情况下,为争创一流,各省份相继出台了"双一流"建设政策、规划和方案等,而与其他省份相比,河北省在"双一流"建设过程中存在制定的发展目标较为模糊、优质高等教育资源建设力度较小、经费投入少且分配不合理、各部门分工不明确、保障机制不健全等问题,导致河北省"双一流"建设的竞争优势不明显。

二、推动河北省高等教育内涵式发展的迫切需求

第一,高等教育内涵式发展已成为高等教育发展的总趋势。中共中央办公厅、国务院办公厅于2019年印发的《加快推进教育现代化实施方案(2018—2022年)》以及河北省陆续出台的《河北省中长期教育改革和发展规划纲要(2010—2020年)》《河北省人民政府关于统筹推进一流大学和一流学科建设的意见》等政策文件均提出要建设高教强省,大力提高高等教育质量。在河北省2018年全省教育大会上,河北省省委书记王东峰提出,要全面提升

各级各类教育发展的整体水平，优化资源配置，推进高等教育内涵式发展。[①]

第二，河北省高等教育规模大但质量低。一方面，截止到2020年6月份，河北省高校数量达125所，在高校数量方面的排名中位居全国第七[②]，但在高水平大学数量、优质高等教育资源方面的排名十分靠后。另一方面，河北省内的重点骨干大学不同程度地存在重点学科数量少、实力不强、竞争力弱等问题，急需加快内涵建设，增强特色和提升水平。

第三，其他省份建设高教强省带来的外部压力。浙江、山东、陕西、辽宁、湖北、安徽等省份较早提出并倾力打造高教强省，陆续启动了建设规划，并取得显著成效，诸如安徽省自2010年启动高教强省战略以来，普通高校数当年便达到100所，高等教育毛入学率首次达到并超过全国毛入学率，成功实现弯道超越。[③]因此，河北省积极建设高教强省，将会激发各层各类高校的积极性和主动性，既有利于形成省域内高等教育争先发展的良好局面，又有利于缩小与其他省份高等教育的差距。

三、实现高等教育社会服务功能的重要保障

第一，建设高教强省可为河北省政治经济发展提供人才、科技支撑。2018年发布的《中国省域经济综合竞争力发展报告（2016—2017）——十九大后中国经济发展的重点领域与战略方向》显示，河北省在全国省域经济综合竞争力排名中位列第15位[④]，处于中间位置，由此可以看出河北省的经济竞争力并不强。其一，就经济结构来说，2018年河北省产业结构调整取得新突破，第三产业增加值占全省生产总值的比重首次超过第二产业，达46.2%[⑤]，说明河北省需增加对服务业相关专业人才的需求，但河北省高校专业结构与人

[①] 周洪松. 奋力推进由教育大省迈向教育强省的新跨越——河北召开全省教育大会[N]. 中国教育报，2018-12-26（1）.

[②] 教育部. 2020年全国普通高等学校名单[EB/OL]. （2020-07-09）. http://gaokao.eol.cn/news/202007/t20200709_1737487.shtml.

[③] 王全林, 尹宏林. 对安徽高等教育强省建设的若干思考[J]. 滁州学院学报, 2015（1）：76-81.

[④] 黄茂兴. 中国省域经济综合竞争力（2016—2017）排名出炉——《中国省域经济综合竞争力发展报告（2016—2017）》蓝皮书在京发布[EB/OL]. （2018-04-01）. http://www.cssn.cn/zx/bwyc/201804/t20180401_3894478_2.shtml.

[⑤] 杨文娟. 2018年河北产业结构实现新突破 服务业比重首超第二产业跃升第一[EB/OL]. （2019-01-29）.http://www.sohu.com/a/292211306_114731.

才需求结构还不适应,急需调整和改进。其二,就技术结构来说,2019年河北省发展和改革委员会公布了《2019年河北省重点项目名单》,其中海洋科技、人工智能等高端高新项目比重较大,但河北省相关的科研成果薄弱,建设高教强省可为河北省的经济、技术发展提供高质量的人才支持和高水平的科学研究支撑。

第二,建设高教强省可增强高等教育的竞争力和影响力,打造更具知名度的城市名片。建设高教强省不仅有利于吸引大量优质生源和高层次人才来冀就读就业,而且有利于引进更多国内外优质高等教育资源来冀合作办学,以保障河北省的高等教育办学规模和质量,从而提高河北省在国内外的知名度和影响力。

第三节 河北省建设高教强省面临的问题

一、高教强省的政策供给不足

第一,河北省提出建设高教强省的时间较晚。湖北(1998年)、江苏(2005年)、山东(2006年)、浙江(2007年)、湖南(2008年)、黑龙江(2008年)以及安徽(2010年)等省份相继提出建设高教强省,而河北省直到2011年才在《河北省中长期教育改革与发展规划纲要(2010—2020年)》中首次明确提出"努力建设高等教育强省"的战略目标。

第二,无专门的高教强省政策。出台专门的高教强省政策是省级政府对高等教育进行统筹规划和大力支持的重要体现[①],有利于自上而下的高等教育改革。例如,安徽省在2010年出台的《中共安徽省委 安徽省人民政府关于建设高等教育强省的若干意见》中提出了建设高教强省的具体意见;吉林省不但发布了《中共吉林省委 吉林省人民政府关于建设高等教育强省的意见》,而且吉林省政协于2014年8月以高教强省为主题召开了咨政协商会议;湖南省出台的《湖南省建设教育强省规划纲要(2010—2020年)》对建设高教强省的

---

① 王骥. 论加强省级政府统筹权与建设高教强省[J]. 江苏高教, 2011 (1): 36-38.

总体战略、战略重点、发展任务进行了规定，并对体制改革和保障措施等进行了详细说明。与之相比，河北省只是明确提出了要建设高教强省的目标，但并未出台关于高教强省的建设规划或实施意见。

第三，河北省"双一流"建设政策既与前期的其他教育政策缺乏有效衔接，也无相应的配套政策跟进。其一，河北省"双一流"建设虽然与前期的13所骨干大学建设、省级重点学科建设等之间有一定的延续性，但存在着与前期政策衔接不紧密、身份固化等问题。与河北省相比，江苏、浙江、广东等省份很早就出台了专门的高水平大学建设计划，上海市更是在"十二五"期间就开始实施"高水平大学和一流学科专业建设工程"，并出台了《上海高等教育布局结构与发展规划（2015—2030年）》。由此可以看出，这些省份的"双一流"建设是对前期相关教育政策和建设实践的延续与创新，与其强调的高教强省理念及一系列政策举措保持了高度衔接。其二，河北省启动"双一流"建设后，虽出台了具体的实施方案、绩效管理办法、资金管理办法等相关配套政策，但仍是围绕"双一流"这一个政策的，缺乏与高教强省建设相配套的其他政策，无法为河北省一流高等教育体系建设和高等教育内涵式发展提供有效支撑。相较而言，很多省份出台了与"双一流"、高教强省相配套的其他相关政策，诸如山西省出台了《山西省人民政府关于推动高等教育"1331工程"提质增效的实施意见》，河南省出台了《河南省特色骨干大学和特色骨干学科建设方案》，山东省出台了《山东省高水平大学建设实施方案》和《山东省高等学校高水平学科建设实施方案》，江苏省出台了《江苏高水平大学建设方案》和《江苏高水平大学建设方案（2021—2025年）》等，广东省更是专门出台了《中共广东省委 广东省人民政府关于建设高水平大学的意见》《关于加强理工科大学和理工类学科建设服务创新发展的意见》《高等教育"冲一流、补短板、强特色"提升计划实施方案（2021—2025年）》等一系列加快高等教育高质量发展的专项政策。

二、高等教育布局结构不合理

根据教育部2020年6月发布的《2020年全国普通高等学校名单》，截至2020年6月30日，河北省共有高等学校125所。第一，从地域分布来看，高校最为集中的地区是石家庄市，共有44所高校，但石家庄市仅有公办本科高校 8 所；其他相对较为集中的地区有保定市、廊坊市和唐山市，分别共有 16 所、13 所和 12 所高校。①其中，办学水平相对较高的河北工业大学、燕山大学和河北大学分别分布在天津市、秦皇岛市和保定市。从地域分布能够发现，河北省高校的地域分布与大城市经济圈的分布明显不匹配，这对高校与经济的融合发展是不利的。第二，从办学层次来看，河北省本科高校共 61 所（含民办本科高校 24 所），占省高校总量的 48.8%；专科高校 64 所（含民办专科高校 13 所，占同层次高校 20.31%），占省高校总量的 51.2%。②从办学层次能够发现，民办高校占据相当大的比例，在我国主要依靠公共财政发展高校的背景下，河北省的高校办学水平整体较低。第三，从科类分布来看，河北省高校主要以多科性高校为主，并且相当一部分是新建本科院校，其学科结构分布相对不合理。河北省的产业结构正在从劳动密集型转向技术密集型，以解决技术相对落后、能耗相对过高、产能相对过剩、产品附加值较低等问题。有研究基于实证分析发现，河北省高校的学科结构与产业结构存在不匹配的问题。③

更重要的是，河北省目前没有专门针对本省高等教育布局结构调整的规划性文件，"双一流"建设方案中也只是对高校和学科进行了简单分层，并未针对河北省高等教育中存在的具体层次、类型结构问题进行分层分类指导，不利于河北省高等教育的整体性发展。

三、优质高等教育资源短缺

优质高等教育资源一般通过高水平大学、高水平科研平台、优势学科和高层次人才等指标来体现。事实上，河北省在这些方面均表现欠佳。第一，河北省高水平大学较少。河北省无一所"985 工程"高校、无一所教育部直属高校，仅有一所"211 工程"高校和一所"双一流"建设高校，但还地处天津，高水平大学数量在全国所有省份中排名靠后。从武书连 2019 中国大学排行榜

---

① 根据教育部发布的《2020 年全国普通高等学校名单》进行数据统计所得。详见：教育部. 2020 年全国普通高等学校名单[EB/OL].（2020-07-09）. http://gaokao.eol.cn/news/202007/t20200709_1737487.shtml.

② 根据教育部发布的《2020 年全国普通高等学校名单》进行数据统计所得。详见：教育部. 2020 年全国普通高等学校名单[EB/OL].（2020-07-09）. http://gaokao.eol.cn/news/202007/t20200709_1737487.shtml.

③ 孔海东，刘兵，徐志云，等. 区域产业结构与学科创新体系对接分析研究——以河北省为例[J]. 黑龙江高教研究，2019（2）：59-65.

来看，河北省仅燕山大学进入前 100 名且排名靠后，位居第 90 位。①第二，河北省高水平科研平台较少，国家重点实验室、国家重点学科（一级学科 1 个，占全国总数的 0.37%；二级学科 5 个，占全国总数的 0.74%；培育学科 3 个，占全国总数的 1.4%）②的数量在全国排名靠后。第三，河北省的优势学科不足。从世界一流学科建设来看，河北省仅河北工业大学的电气工程为一流学科；从全国第四轮学科评估结果来看，河北省仅有燕山大学的机械工程被评为"A-"学科，与北京、上海、江苏、陕西、湖北等省份的差距较大；从 2021 年 7 月发布的 ESI 学科排名来看，中国内地共有 342 所高校进入排名，河北省仅 9 所高校的 22 个学科进入 ESI 前 1%，排名最高的是燕山大学（第 117 名）③，但其高校排名和学科排名均十分靠后。第四，河北省的高层次人才流失严重。相关调查显示，河北省高校的年平均人才流失率在 11%左右，其中拥有教授职称的占 6.7%，学科带头人占 3.5%。④"十一五"期间，河北省 5 所骨干大学流失人才 445 人。⑤随着"双一流"建设对人才竞争的进一步加大，以及北京、天津对人才的虹吸效应，河北省高层次人才流失有进一步加剧的趋势。

另外，面临优质高等教育资源短缺的现状，河北省迫切改变这一现状的决心和力度也不够。河北省虽然提出要"积极探索与京津地区高水平大学开展合作办学、联合攻关、人员交流、联合培养、资源共建共享等多种形式的合作"⑥，但合作办学规模较小、引进优质资源力度不大，与深圳、青岛等地积极引进优质高等教育资源的举措相比，仍有较大差距。曾经与河北省高等教育发展状况相似的河南省，不但在"双一流"建设中已经领先一大步，而且在引进优质高等教育资源方面也表现出了较强的决心。诸如，郑州市出台了《郑州市人民政府关于加快引进优质高等教育资源的意见》，提出将设立 100 亿元专项资金，用于支持引进优质高等教育机构；充分利用区位、产业、多重国家战

---

① 武书连 2019 中国大学排行榜公布，全国 31 省市区大学综合实力排行榜[EB/OL].（2019-12-19）. http://www.sohu.com/a/361440085_99907778.
② 根据 2007 年国家重点学科评选结果统计所得。该次共评选出 286 个一级学科，677 个二级学科，217 个国家重点（培育）学科。详见：教育部学位与研究生教育发展中心. 国家重点学科评选[EB/OL].（2021-01-10）. http://www.cdgdc.edu.cn/xwyyjsjyxx/xwbl/zdjs/zdxk/zdxkmd/.
③ 根据 2021 年 7 月 ESI 学科排名进行数据统计所得。
④ 郝东恒. 河北省高校人才流失现象分析及对策研究[J]. 石家庄经济学院学报，2008（5）：1-3.
⑤ 何军，李金霞，韩瑞军."十一五"期间河北省高校人才流失现状研究——以河北省某五所重点建设的骨干大学为例[J]. 河北经贸大学学报（综合版），2012（3）：101-104.
⑥ 河北省人民政府办公厅. 河北省人民政府关于统筹推进一流大学和一流学科建设的意见[EB/OL].（2016-05-24）. http://cxxd.tsgzy.edu.cn/col/1509448334514/2016/05/23/1509703847150.html.

略叠加等优势，制定专项政策，引进5—7个优质高等教育机构（含国内外优质应用型技术大学），10个左右高校研究院、人才培养基地、技术研究中心等机构。[①]这些经验和做法值得河北省认真借鉴和学习。

四、高等教育的社会服务能力不足

高校对地区经济增长的贡献率、科研成果转化率、学科结构与产业结构耦合度以及科研人员数量等是衡量高校社会服务能力的重要指标。相关数据显示，河北省高等教育的社会服务能力不足，亟待提升。

第一，河北省高校对地区经济增长的贡献率低。2000—2016年，河北省高等教育对区域经济增长的贡献率为0.067%，比全国平均水平低0.006个百分点，与北京市（0.141%）、天津市（0.084%）相比差距较大。[②]

第二，河北省高校的科研成果转化率低。如表3-1所示，河北省科技论文发表数、科技著作出版数分别占全国总数的2.869%、3.277%，分别在全国排名第15位、第13位，较为靠前；但有效专利发明数、专利所有权转让数仅占全国总数的1.481%、1.733%，专利所有权转让收入占全国总数的比例更是低至0.417%。仅就河北省和河南省来看，虽然两省的专利所有权转让数相差不多，但专利所有权转让收入却相差甚远，河北省仅为河南省的34.615%。由此来看，与拥有的科研成果数相比，河北省高校的科研成果转化率极低。

表3-1　2017年高等院校科技产出情况[③]

地区	发表科技论文（篇）	出版科技著作（种）	有效专利发明（件）	专利所有权转让（件）	专利所有权转让收入（万元）
河北	37 524	1494	4491	103	819
河南	46 268	3090	7137	108	2366
全国	1 308 110	45 591	303 283	5 942	196 382

第三，河北省高校的学科结构与该省产业结构的耦合度低。河北省高校的学科结构与该省第一、第二、第三产业的关联度分别为0.3115、0.3902、

---

① 刘高雅. 郑州市推出多项举措加快引进优质高等教育资源[EB/OL]. （2017-11-24）. http://www.henan.gov.cn/2017/11-24/644479.html.
② 尚金龙. 河北省高等教育对经济增长的贡献实证研究[D]. 石家庄：河北科技大学，2019：47-48.
③ 教育部. 2017年高等学校科技统计资料汇编[EB/OL]. （2018-05-22）. http://www.moe.gov.cn/s78/A16/A16_tjdc/201805/t20180522_336767.html.

0.4444①，均低于0.5，由此可以看出，河北省高校的学科结构与产业结构的匹配度不高。

第四，科研人员储备不足。《2018中国科技统计年鉴》显示，河北省科技人才总量占全国的3.567%，与北京市（9.239%）、江苏省（7.368%）相比，存在明显的差距。②

第四节　河北省高教强省建设的有效对策

一、加强顶层设计：加快河北省一流高等教育体系建设，做好政策引导

河北省高教强省建设和高等教育高质量发展，不仅应关注一流大学和一流学科建设，更应将目光从做强若干高校和学科转向做强整个高等教育体系。因此，河北省需要对高等教育体系进行整体谋划，明确高等教育体系并非只有一种标准和发展模式，而是分层分类、有特色有分化的一个综合体系。例如，广东省形成了"冲一流""补短板""强特色"三类高校及学科。河南省实施了高校分类计划和高等教育质量提升工程，在加强2所"双一流"大学建设的同时，建设了9所特色骨干大学、8所特色骨干学科高校、15所左右高水平应用技术类型本科院校和50个对接区域产业链的专业（群）。③由此可见，建设一流高等教育体系既是河北省建设高教强省的关键，也是积极推进河北省不同类型、不同层次高校特色化、差别化发展的重要制度环境。

第一，出台关于高教强省的建设规划或实施意见，从政策层面对河北省建设高教强省进行引导与支持。纵观江苏、浙江、山东、湖南、黑龙江等高教

---

① 李欣. 河北省高等教育学科结构与产业结构调整的适应性研究[D]. 保定：河北大学，2017：41.
② 国家统计局社会科技和文化产业统计司，科学技术部战略规划司. 2018中国科技统计年鉴[M]. 北京：中国统计出版社，2019：20-25.
③ 河南省人民政府. 河南省人民政府关于印发河南省国民经济和社会发展第十四个五年规划和二〇三五年远景目标纲要的通知[EB/OL].（2021-04-02）. http://www.henan.gov.cn/2021/04-13/2124914.html.

强省建设成效较好的省份，均出台了具体的高教强省建设规划方案，如《山东省"高教强省"行动计划》《黑龙江省高等教育强省建设规划》等。河北省委省政府和省教育厅应该加强对建设高教强省的重视，借鉴其他省份的经验，通过出台诸如"关于全面实施高教强省战略的意见""河北省高教强省规划纲要"等政策文件，从高教强省建设的指导思想、基本原则、目标与任务、实施步骤、组织领导等方面进行规划，从而为河北省高等教育的整体发展提供方向指引和具体实施方案的指导。

第二，加强调研论证并尽快出台河北省高校分类管理与分类发展的政策意见。建议河北省委省政府和省教育厅尽快组织相关专家成立专家组和调研团队，对河北省高校进行调研并出台高校分类办法和相关管理制度，从而对高校发展进行有效政策引导。

第三，走纵向分层、横向分类的一流大学特色化、差别化发展道路。"纵向分层"是把河北省高校的建设目标分为地方一流、国家一流和世界一流三个层次，"横向分类"是把河北省高校分为职业技能型、应用型和研究型三类[1]，按照总体规划、分级支持的原则，既要保证集中有限资源重点建设一批一流大学与一流学科，还要保证暂未达到一流的高校有发展的动力、希望和奔头，从而促进各所高校特色化、差别化发展，建设成为相应层次和类型上的一流大学。

二、持续深入推进：出台相互配套的一系列政策举措，形成强支持的政策合力

第一，实施第二轮"双一流"建设，推动河北省部分高校进入全国一流大学行列，并向世界一流大学和一流学科水平加速发展。河北省委省政府应该将"双一流"建设纳入全省经济社会发展总体规划，并给予相应的政策支持和经费资助。例如，重点支持 4 所一层次高校全面提升实力，在多个领域建设一流学科，争取早日进入国家"双一流"建设行列；支持 8 所二层次高校强化办学特色，重点建设优势学科，以提升学校核心竞争力并进入全国同类高校前列。

---

[1] 徐高明. 基于分类分层的一流大学差别化发展框架[J]. 现代教育管理，2019（2）：25-31.

第二，启动实施河北省高水平大学建设计划，增强河北省高等教育发展新动力。如前所述，江苏、浙江、广东、山东等省份在实施"双一流"建设的同时，又出台了与之相配套的高水平大学建设计划，对推动该省高等教育高质量发展发挥了积极作用；再比如，北京以"十项行动计划"为抓手统筹推进一流大学群体建设。因此，河北省需要在继续实施"双一流"建设以及13所骨干大学建设、省级重点学科建设、一流专业建设等专项建设计划的同时，专门出台"河北省高水平大学建设实施方案"，设立河北省高水平大学建设领导小组及办公室，省财政统筹设立高水平大学建设专项资金，遴选一批各层次各类型的优质高校给予重点支持。

第三，积极引进优质高等教育资源或设立新型研究型大学。如果说"双一流"建设和高水平大学建设是针对河北省现有高校的话，那么引进优质高等教育资源则主要考虑新建高校。其一，引进优质高等教育资源已成为各省份提升高等教育实力的重要举措，与其他省份相比，河北省引进的力度小、规模小，急需借鉴深圳、青岛等地的经验，不断探索和创新高等教育发展模式。其二，积极设立新型研究型大学。习近平总书记在2020年9月11日召开的科学家座谈会时提出"要加强高校基础研究，布局建设前沿科学中心，发展新型研究型大学"[1]。南方科技大学、西湖大学、福耀科技大学作为新型研究型大学的典型，已引起很多省份的关注。诸如，郑州市在《郑州市新基建建设示范区发展规划（2021—2025）（征求意见稿）》中明确提到："借鉴浙江西湖大学、广东南方科技大学办学模式，在郑州市谋划筹建1—2所高水平研究型大学。"[2]因此，河北省应通过积极引进、联合办学、接受社会捐资等多样化形式，在政策、资金、土地等方面予以支持和保障，加快建设一批新型高水平研究型大学。

三、优化布局结构：形成区域高等教育发展新模式

高等教育资源聚集地有利于整合内部优质高等教育资源，并对周边地区

---

[1] 习近平. 在科学家座谈会上的讲话[EB/OL]. （2020-09-12）. http://politics.people.com.cn/n1/2020/0912/c1024-31858786.html.

[2] 郑州市发展和改革委员会. 关于《郑州市新基建建设示范区发展规划（2021—2025）（征求意见稿）》公开征求意见的公告[EB/OL]. （2021-05-25）. http://fgw.zhengzhou.gov.cn/comment.jspx?contentId=5030902.

经济、教育起到辐射带动作用。

第一，充分发挥石家庄致力于打造为国际化区域中心城市的优势，借鉴郑州航空港国际科教创新区的建设经验，利用石家庄机场区域航空枢纽建设的有利契机，规划建设石家庄合作办学高教园区，引进的优质高等教育资源享有优先入驻该园区的优势，进而形成以石家庄为中心，集衡水、邢台、邯郸建立第一大高教园区。

第二，以雄安新区为中心，集廊坊、保定、沧州建立第二大高教园区。雄安新区的设立、雄安大学的规划，以及众多高校的迁移将会为河北省高等教育的发展带来巨大的机遇。例如，保定、廊坊、沧州等地可充分利用雄安新区的优势，通过与雄安新区高校建立分校或科研院所的方式，带动本区域高等教育的发展。

第三，以唐山为中心，集张家口、承德、秦皇岛建立第三大高教园区。这几个城市是高等教育资源较为短缺的地区，可借鉴青岛、深圳、杭州等地的经验，以市级政府为主体，省级政府进行统筹并提供政策支持，实施"名校名院名所"工程。秦皇岛是河北省开放程度较高的城市，可以借鉴青岛的建设模式，通过积极创建大学城、与国内高水平大学合作设置研究院或开设分校（校区）、建设特色学院等形式，打造秦皇岛高等教育发展的新路径。

另外，还可以进一步加大优质高等教育资源共享共建的力度。其一，河北省可以以石家庄、雄安新区、唐山为中心，组建区域优质高等教育资源共享联盟，利用区域优势和新技术优势推动优质高等教育资源的共享共建。其二，积极支持河北大学、河北工业大学、燕山大学、河北师范大学等高校合作共建本科教学联盟，实行资源共享、学分互认、教师互聘、学生互派、课程互选机制，满足学生对多样化、优质教育内容的学习需求。

四、强化服务导向：进一步提高高等教育的社会服务能力

第一，调整学科专业结构，对接产业需求。促进与钢铁、装备制造、石油化工等河北省传统主导产业相关的专业向应用型转型；结合河北省基础产业、支柱产业，支持海洋工程类、生物工程类、原材料工业、邮电通信、水力、能源、交通、机械制造、建材工业、食品工业等学科专业特色发展，为河

北省第二产业的发展做出贡献；大力发展与旅游、现代物流、商贸流通等现代服务业相关的学科专业。

第二，创建产学研合作平台，促进成果转化。建议河北省成立"河北省产学研管理局"之类的产学研组织管理机构，由河北省教育厅、科技厅共同领导，由专职人员负责具体的管理和运行工作，如负责研究部署科研院所、高校、企业间合作的重大事项，组织落实重大项目，协调解决合作中遇到的问题，有效促进产学研合作。一是联合科研院所，创新产学研模式。科研院所与高校共建实训基地、重点实验室等，为保证有效开展合作、拓展合作渠道、建立双方开展合作的协调机制，建立定期会议制度和部门衔接落实制度。二是加大产学研工作激励力度。河北省可通过设立产学研工作专项奖励、加大科研项目有关人员奖励力度、加强对产学研任务的管理与考核、支持科研成果转让等促进产学研合作。

第三，加强科研创新。一是河北省可借鉴其他省份的做法，通过项目合作、联合攻关、校企联合建设研发机构等方式组建一批高水平科研团队，增加科研项目数量并提高科研项目质量。二是借鉴江苏海洋大学、浙江工业大学等高校"资源整合、深度对接、瞄准应用"的做法[①]，结合地方经济建设的现实问题，依托高校学科平台、科研团队优势，建设一批工程研究中心、技术研发中心等协同创新服务平台。

---

① 周锦忠，唐正康. 以优势学科对接地方主导产业，服务地方经济社会发展——淮海工学院社会服务工作纪实[EB/OL].（2018-12-06）. http://www.sohu.com/a/280132440_649827.

第四章
河北省一流大学建设的问题与对策
——以河北省4所"双一流"建设一层次高校为例

河北省人民政府于 2016 年 5 月出台《河北省人民政府关于统筹推进一流大学和一流学科建设的意见》后，河北省教育厅制定了《一流大学和一流学科建设资金分配方案》，明确了"双一流"建设的高校和学科名单、总体目标、建设任务和改革任务等重要内容。河北大学、河北工业大学、燕山大学、河北师范大学等 4 所高校作为河北省重点支持的国家一流大学建设一层次高校，是推动河北省高教强省建设、促进高等教育内涵式发展的重要支撑点。因此，本章以河北省 4 所"双一流"建设一层次高校为例，在系统梳理 4 所高校近年来的建设进展和改革成效的基础上，深入挖掘其中存在的问题，进而提出对策建议，以期推动河北省一流大学建设取得新突破并实现预期目标。

第一节 河北省一流大学建设的现状分析

2016 年实施"双一流"建设以来，河北省委省政府和 4 所一层次高校均高度重视，经过 5 年的改革实践，河北省"双一流"发展战略对这 4 所高校产生了积极影响。在"双一流"战略的支持下，加强内涵建设是 4 所一层次高校提升办学质量、实现"变轨超车"的必由之路。内涵建设是多要素联动的有机整体，其中，办学目标、学科布局、师资队伍和内部治理体系是四大核心要素。4所一层次高校在明确办学目标、构建学科生态系统、加强师资队伍建设、完善内部治理体系等方面进行了一系列改革，促进了办学质量及水平的提高，极大地提升了学校的综合实力、核心竞争力和社会影响力。

一、结合省政府建设方案，不断明确凸显省域特色的高水平研究型大学的办学目标

办学目标及特色是高校加强内涵建设的顶层设计，发挥着理念指导的作用。4所一层次高校明晰了建设思路，以明确的办学目标引领学校发展，以鲜明的办学特色凸显办学优势，从而探索出一条区域特色鲜明的高水平大学建设之路。《河北省人民政府关于统筹推进一流大学和一流学科建设的意见》明确指出："到2020年，3所左右大学达到或接近国家一流大学水平，一批学科进入国家一流学科行列，个别学科进入世界一流学科行列。到2030年，若干所大学进入国家一流大学行列，更多学科进入国家一流学科行列，10个左右学科进入世界一流学科行列，我省高等教育整体实力显著提升。"因此，4所一层次高校结合河北省"双一流"建设规划和要求，积极制定学校建设规划，不断明确凸显省域特色的高水平研究型大学的办学定位和发展目标。例如，河北工业大学紧紧围绕新工科建设、京津冀协同、世界一流学科建设等发展机遇，以电气工程专业为引领，以"先进装备工程与技术"学科群为建设重心，致力于建设在国内具有重大影响力和国际知名的高校。[①]河北大学紧扣高水平综合性大学的发展定位，围绕部省合建、一省一校和雄安新区建设等政策优势，举全校之力，重点建设燕赵文化学科群和生命科学与绿色发展学科群，按照"文科登峰、理工科振兴、医科崛起"的发展战略，奋力实现一流大学建设的发展目标。[②]河北师范大学以教师教育为办学特色，旨在建设综合实力进入国内同类高校前列、具备教师教育特色的高水平综合性大学。燕山大学明确提出，到2020年，学校整体进入国家"世界一流学科"建设常态支持行列；到2030年，学校整体达到国内一流大学水平；到本世纪中叶，学校整体达到或接近世

---

① 河北工业大学. 关于发布《河北工业大学一流学科建设高校建设方案（精编版）》的公告[EB/OL].（2018-01-15）. http://www.hebut.edu.cn/tzgg/66347.htm.

② 河北大学. 关于印发《河北大学一流大学和一流学科建设规划》的通知[EB/OL].（2017-01-12）. http://office.hbu.cn/edoas/website/level3.jsp?tablename=20&infoid=10875.

界一流大学水平。①综上所述，发挥自身优势、凸显办学特色成为 4 所一层次高校"双一流"建设、提高核心竞争力的必由之路。

如表 4-1 所示，4 所一层次高校以目标为引领，制定了一系列建设思路与发展规划，实现了办学水平提升与深化改革双轮驱动，进而推进了高水平大学建设。为了更好地实现"双一流"建设目标，4 所一层次高校根据各自发展建设规划以及中期考核评估工作，围绕发展规划涉及的学科发展规划、师资队伍建设、人才培养和教学改革、科研创新与社会服务、国际合作交流 5 大任务，通过广泛调查和科学论证，积极召开"双一流"建设推进会并实施一系列战略举措。例如，燕山大学根据《关于支持燕山大学加快"双一流"建设 实现内涵式高质量发展的意见》，围绕学科群建设、本科教育、科技创新、创新平台、成果转化、国际交流、人才队伍、财政投入、机构编制、薪酬分配等10 个方面加强内涵式高质量发展，确保燕山大学达到世界一流学科建设高校水平，进入国家新一轮"双一流"建设高校行列。②河北大学于 2019 年 5 月29 日召开中国共产党河北大学第七次代表大会，不但明确了到 2035 年，达到国家一流大学建设高校水平，到 21 世纪中叶，达到中国特色世界一流大学建设高校水平的目标，而且确立了之后五年的发展任务（强力推进部省合建平台建设、全面提升办学综合实力、着力培育大学文化影响力、深入推进综合改革和全面加强学校党的建设）。③

表 4-1　河北省 4 所一层次高校的办学目标、定位及发展举措

学校	办学目标	具体办学定位	发展举措
河北大学	"特色鲜明，国际知名"高水平综合性大学	到 2020 年，学校达到国家一流大学水平，化学、光学工程等 3 个学科接近世界一流学科水平，生物学、中国史等 4 个学科进入国家一流学科行列，应用经济学、管理科学与工程等 5 个学科达到国家一流学科水平。到 2030 年，学校进入国家一流大学行列，化学、光学工程等 3 个学科进入世界一流学科行列，生物学、中国史等 4 个学科进入国家一流学科前列，应用经济学、管理科学与工程等 5 个学科进入国家一流学科行列。到本世纪中叶，学校进入世界一流大学行列，更多学科进入国内一流学科前列和世界一流学科行列	"文科登峰、理工科振兴、医科崛起"发展战略、345 学科建设计划

---

① 燕山大学. 关于印发《燕山大学一流大学和一流学科建设方案（试行）》的通知[EB/OL]. （2016-07-21）. http://gs.ysu.edu.cn/info/1044/1406.htm.

② 何淼. 河北省下发文件支持燕山大学"双一流"建设工作[EB/OL]. （2020-02-25）. http://edu.people.com.cn/n1/2020/0225/c227065-31604262.html.

③ 河北大学第七次党代会筹备工作领导小组办公室. 中国共产党河北大学第七次代表大会开幕[EB/OL]. （2019-05-29）. http://www.news.hbu.cn/2019/0529/15059.shtml.

续表

学校	办学目标	具体办学定位	发展举措
河北工业大学	国内有重要影响、国际知名的高水平大学	到2020年，学校学科布局更加优化，一流学科建设取得显著进展，实现阶段发展目标；到2030年，学校部分学科达到国内一流学科水平，个别学科接近或达到世界一流学科水平；到本世纪中叶，学校部分学科接近或达到世界一流学科水平，个别学科进入世界一流学科行列	"1+1+X"学科建设战略
燕山大学	特色鲜明、国内一流、世界知名的研究型大学	到2020年，第一层次学科达到世界一流学科水平，第二层次学科达到国内一流学科水平，第三层次学科建成省内一流学科。学校整体进入国家世界一流学科建设常态支持行列。到2030年，第一层次学科稳步提升在世界一流学科中的位次，第二层次学科跻身世界一流学科建设行列，第三层次学科达到国内一流学科水平，学校整体达到国内一流大学水平。到本世纪中叶，第一层次学科进入世界一流学科前列，第二层次学科跻身世界一流学科行列，第三层次学科进入国内一流学科前列，学校整体达到或接近世界一流大学水平	人才强校战略、全面推进综合改革、扩大国际合作交流
河北师范大学	具有鲜明教师教育特色的高水平综合性大学	到2020年，教师教育特色更加鲜明，综合性特征更加明显，若干学科进入国内一流学科行列，科技创新和服务社会能力显著增强，整体实力位居全国同类高校前列	突出学科建设的龙头地位、实施人才强校战略、创新人才培养机制

资料来源：笔者根据4所高校的"双一流"建设方案及相关实施举措整理得出

二、优化学科布局，服务地方政治经济发展

一流学科建设是"双一流"建设和一流大学建设的核心。4所一层次高校以优化学科布局结构、服务地方产业发展为主要改革思路，通过一流学科"点"的突破，积极培育优势学科群，主动对接地方主导产业，带动学校整体水平"面"的提高，向区域特色鲜明的高水平大学迈进。

（一）"一流建设+优势特色+交叉融合"的学科布局结构

4所一层次高校利用"双一流"建设的机遇，坚持立足区域需求，依托学科资源和区域资源，重构学科发展布局，逐渐形成了"一流建设+优势特色+交叉融合"的学科布局结构。

第一，打造学科高峰，建设世界一流学科。4所一层次高校积极对标建设世界一流学科的要求，采取了制定一流学科建设方案、试行学科建设新制度、

创建创新平台等多种措施，集中力量对具有核心竞争力的若干个学科给予重点倾斜和支持，调整优化学科生态系统，激发学科的内生动力与发展潜力，扎实推进世界一流学科建设。例如，河北工业大学在《河北工业大学一流学科建设高校建设方案》中明确提到，进一步优化学科布局，依托学校电气工程、材料科学与工程、机械工程等优势学科，突出学科交叉融合和协同创新，把对区域经济社会发展支撑度高的"先进装备工程与技术"学科群建设成为世界一流学科。第二，重点推进发展，建设优势特色学科（群）。4所一层次高校借力区域资源与区域特色，并结合一流学科建设，凝练重点发展领域和发展方向，建设优势特色学科（群），以特色彰显学校定位，提升学科整体水平。例如，河北师范大学在《河北师范大学一流大学和一流学科建设规划方案》中明确提出："优化学科专业布局，促进学科交叉融合，形成基础学科和应用学科相结合、传统学科和新兴学科相促进、强势学科和特色学科相统一、重点学科和普通学科和谐发展的学科体系。"[1]河北工业大学在制定一流学科建设方案时，根据区域经济社会发展实际需求，结合学校自身学科特点，积极优化调整学科布局，通过推进学科群建设，加强交叉学科科研平台建设，引导组建跨学科团队，实现学科交叉融合发展。[2]第三，形成创新制高点，强化学科交叉融合。4所一层次高校根据本校发展的战略需求，打破传统学科之间的壁垒，推动优势特色学科与支撑学科相互交叉、融合发展。例如，河北师范大学以生物适应环境的细胞信号调节机制、数字教育、燕赵文化、生命科学与生态环境为核心设立校级跨学科创新平台。河北大学依托燕赵文化学科组建燕赵文化高等研究院，联合多学院多学科联合攻关，获批多项国家社会科学基金重大项目和专项项目。

（二）"优势学科+地域特色+地方产业"的协同发展模式

4所一层次高校在学科建设过程中坚持以服务国家、区域发展需求为导向，形成了"优势学科+地域特色+地方产业"的协同发展模式。在以地域特色带动优势学科群发展的同时，借力学科群的发展，促进科研成果转化，反哺地方经济产业，构建了学科、产业齐头并进，两方联动的高效益发展机制。

第一，立足区域资源，引导学科错位竞争。4所一层次高校立足地方资源

---

[1] 河北师范大学. 河北师范大学一流大学和一流学科建设规划方案[Z]. 2016-07-10.
[2] 高长安，陈鸿雁，屠琼芳. 河北工业大学推进"双一流"服务区域经济发展[N]. 中国科学报，2019-01-01（7）.

优势及文化特色，形成了独具地方特色的、不可替代的学科群，以引导各学科错位竞争，避免走入高校间学科同质化竞争的误区，而是在各层次、各水平、各领域力争一流。第二，借力特色学科群，服务地方发展。面对区域发展需求，4所一层次高校主动将优势学科群对接地方特色主导产业，打破了以往存在于学科和产业间的壁垒，形成了"优势学科-特色产业链"的发展模式。这种发展模式以学科智力支撑为依托，以服务地方主导特色产业为目的，形成了一系列相关学科和产业之间相互联系、相互促进的联合体，体现了学科与产业间的"双联动"行动逻辑，既能使产业通过优势学科的支撑得到快速发展，又能使优势学科在服务地方产业中得到提升。例如，河北工业大学瞄准河北省建设"产业转型升级试验区"、天津市建设"全国先进制造研发基地"的实际需要，发挥学校在电气、机械、材料、控制等领域的优势，以"先进设计理论与方法"为引领，以"先进材料设计与制备"为支撑，以"智能感知与控制"为保障，以"先进装备系统集成"为目标，集中力量建设"先进装备工程与技术"学科群，努力将其建成引领区域先进装备及相关产业发展的重要支撑载体。[①]燕山大学结合"一带一路"倡议，根据省情、市情和学校实际，遵循"扶强撤弱"原则进行学科优化，并设立交叉学科研究院，加强海洋工程、医疗康养、智能制造等学科建设。[②]

三、进一步落实人才强校战略，建设具有竞争力的师资队伍

师资队伍是内涵建设的关键资源，是推动高水平大学建设的核心力量。"双一流"战略指明了建设高水平师资队伍的目标与方向，4所一层次高校加快推进人才强校战略，出台师资队伍建设方案，进一步完善引才、育才、稳才工作机制，尤其是创新采用了柔性引进的特色引才方式，形成了人才"引、育、稳"并重的格局，建立了一支具有竞争力的师资队伍。

第一，加强顶层设计，建设梯队合理的宝塔形师资队伍。面对"双一流"战略对师资队伍建设的宏观指导，4所一层次高校按下高水平师资队伍建

[①] 高长安，陈鸿雁，屠琼芳. 河北工业大学推进"双一流" 服务区域经济发展[N]. 中国科学报，2019-01-01（7）.

[②] 李兴国. "双一流"建设下河北省重点高校学科发展对策[J]. 中国高校科技，2019（9）：21-25.

设加速键，围绕完善师资队伍建设方案、加强经费投入和政策支持力度等方面深化顶层设计，优化学术梯队结构，形成了"领军人才+骨干教师+青年教师"的宝塔形师资队伍结构。例如，河北师范大学根据学科梯队建设发展需要，以引进、培养学科领军人物为重点，以提高师资队伍整体素质为目标，有针对性地开展了优秀人才引进和培养工作。"修订人才引进实施方案，提高人才待遇，完善人才评价机制，5年学校共引进各类人才540人，其中博士366名，硕士174名。引进人才中，国家级特聘专家3人、国家优青1人。设立'精英人才计划'，引进一层次1人、二层次5人、三层次42人。另有优秀博士69人，其他各类高层次人才13人。专任教师占比由56%增加到65%，具有博士学位教师占比由33%增加到46%。"[1]

第二，形成"引、育、稳"并重格局，打造人才聚集地。4所一层次高校构筑了"引才+育才+稳才"的建设格局，以减少人才流失，增强人才聚集效应。其一，健全人才引进机制，形成"青年英才+国内外高精尖人才+团队"的分层分类人才引进模式。4所一层次高校通过搭建青年人才交流和招聘平台、开展"外专引智项目"、实施高层次人才引进计划、打造学科特区等方式吸引优秀人才和团队。例如，2018年，河北工业大学"围绕'先进装备工程与技术'学科群各方向，引进包括'优青'在内的国内外高水平中青年人才70余名"[2]。其二，完善人才培育机制，形成"个人发展+团队建设"的人才发展体系。4所一层次高校从项目扶持、经费投入、培育创新团队等多个方面鼓励高层次人才继续发展，尤其重视建立健全培育青年教师的精准支持机制，为青年人才设立优秀青年奖学基金、鼓励青年教师在职读博、开展青年培训，实现人才本土化培养的快速发展。其三，完善人才服务保障制度，稳定优质人力资源。为保障师资队伍稳定，4所一层次高校职能部门的工作日益凸显服务理念，健全教师关怀制度，不折不扣落实福利待遇并积极解决教师配偶工作和子女入学问题，从而优化教师工作和生活环境，营造尊重人才、服务人才的氛围，增强教师对学校的认同感和归属感。

第三，采取柔性引进人才的方式，构筑高层次人才引力强磁场。4所一层次高校坚持"共有、共享、共用"理念，以顾问指导、项目合作、短期兼职为

---

[1] 河北师范大学人事处，发展规划处，党委宣传部. "十三五"成果巡礼——师资队伍建设专题[EB/OL]. (2020-12-13). http://fzghc.hebtu.edu.cn/a/2020/12/13/EEA3D4FB3B6542E9874103AB6DF88BDE.html.

[2] 河北工业大学. 河北工业大学"双一流"建设2018年度进展报告（精编版）[EB/OL]. （2019-02-18）. http://www.hebut.edu.cn/tzgg/71424.htm.

主要形式柔性引进人才。这种暂借式人才引进方式较好地突破了人才引进的瓶颈，成为4所一层次高校引才方式的特色和亮点，进一步推动了师资队伍量增质优的发展。

四、改革创新治理体制，构建现代化内部治理体系

内部治理体系是4所一层次高校内涵建设的制度保障，可以有效激发高校建设的内生动力与发展活力，推动学校各项事务的有序开展。4所一层次高校以综合改革为动力，以建设现代大学制度为抓手，大力改革和创新内部治理体制，不断追求"数量、规模、速度"与"质量、结构、效益"的有机统一，从而提高内部治理能力，激发办学活力。

第一，推进管理机构改革，优化治理体制。4所一层次高校加快了管理机构改革，以使内部治理体制更加科学规范。其一，加快管理机构改革，提高管理效率。例如，燕山大学积极推进精细化管理和专业化服务，通过"建立精细化管理和专业化服务备案制度""师生走进机关""对接学院，业务巡讲"等多种形式，提高管理水平和服务质量。[1]其二，推进院校两级管理改革，促进管理重心下移。例如，河北大学、燕山大学切实推进校院两级管理，将权力向学院下放，并动态调整对院系的支持力度，赋予学院在学科发展、教育教学、人事及财务管理等方面更多的自主权，充分调动学院的积极性，提高学院治理效能。[2]

第二，调整学科学院布局，优化治理结构。4所一层次高校以内涵建设和质量提升为导向，裁撤和重组相关学科专业和二级学院等，以使学校的学科专业体系和学院布局更加科学优化。其一，4所一层次高校以"小而精"的办学理念引领学校发展，通过撤并二级学院、缩减一级学科和本科专业数量等，由追求规模扩张向注重质量提升转变。其二，部分高校积极探索建设以学术管理为核心的院系平台，从而减少管理层级，进一步实现信息、资源和成果共享，

---

[1] 陈娜. 机关精细化管理工作持续推进[EB/OL].（2018-06-14）. http://www.ysu.edu.cn/info/5414/12532.htm.

[2] 河北大学. 关于印发《河北大学一流大学和一流学科建设规划》的通知[EB/OL].（2017-01-12）. http://office.hbu.cn/edoas/website/level3.jsp?tablename=20&infoid=10875；潘芳. 燕山大学召开校院两级管理体制改革权责划分及职能下放座谈会[EB/OL].（2020-07-01）. http://www.ysu.edu.cn/info/5414/13401.htm.

从而形成集群优势。

第三，改革考核评价制度，优化治理机制。4所一层次高校通过对考核评价制度的改革与完善，以期有效实现以评促改、以评促建。其一，实施多元主体评价，除开展自评外，还引入第三方评价，并将相关信息公开到网络平台，接受社会公众的监督。其二，深化人事、科研等考核评价制度改革，设立注重实绩和贡献的评价标准，最大限度地调动高校人员的创新活力。例如，在人才评价机制方面，河北师范大学以分类考核为原则，科学分类设岗、分类评审，综合考察教学科研水平、重要业绩贡献和代表性研究成果。[①]

第二节　河北省一流大学建设中存在的问题

河北省"双一流"建设自2016年实施以来，经过5年的一期建设，4所一层次高校在综合实力、学科建设等方面均取得较大发展，但它们能否进入国家新一轮"双一流"建设行列、能否在第五轮学科评估中表现优良将是检验河北省"双一流"建设成效的最终试金石。表4-2中的三个大学排行榜均显示，这4所一层次高校的表现并不理想，远未达到预期建设目标。因此，在国家新一轮"双一流"遴选开始的这一关键时期，抓住河北省"双一流"建设中的关键问题并予以解决，是加速推进河北省一流大学建设的重要路径。

一、一流大学建设方案目标定位过高，建设成效不显著

第一，一流大学建设成效不显著。大学排名结果在一定程度上能反映一所大学的建设成效。如表4-2所示，从校友会中国大学排名、软科中国大学排名和武书连中国大学排行榜三大排行榜的排名结果来看，4所一层次高校的排名并不理想，除个别高校在某一排行榜中稍有上升，大多均处于下降态势。由此可见，4所一层次高校经过5年建设，虽取得一定进展但较为缓慢，与其他

[①] 河北师范大学人事处，发展规划处，党委宣传部."十三五"成果巡礼——师资队伍建设专题[EB/OL]．（2020-12-13）．http://fzghc.hebtu.edu.cn/a/2020/12/13/EEA3D4FB3B6542E9874103AB6D F88BDE.html.

省份高校相比，进步幅度更小，与河北省"双一流"战略提出的建设目标"到2020年，3所左右大学达到或接近国家一流大学水平"仍有较大距离。再以认可度高的 ESI 前1%学科排名来看，在2021年7月份的排名中，燕山大学、河北工业大学、河北大学、河北师范大学的排名依次是117、159、164、209，均在全国百名以后。[1]这些结果充分表明4所一层次高校在获得重点资助后并未表现出比资助前更强的"增量发展"优势，由此可知河北省"双一流"建设成效并不显著，也从侧面反映出河北省"双一流"建设中存在不少问题，急需审视并予以解决。

表4-2　河北省4所一层次高校在三个大学排行榜中的排名情况

学校	校友会中国大学排名		软科中国大学排名		武书连中国大学排行榜	
	2016年	2021年	2016年	2021年	2016年	2021年
燕山大学	90	76	80	95	78	86
河北大学	107	90	93	115	118	144
河北工业大学	130	150	82	109	166	146
河北师范大学	149	142	127	137	181	232

资料来源：根据三个大学排行榜的排名情况整理而得。

第二，4所一层次高校整体实力较弱，与"双一流"战略目标定位差距较大。《河北省人民政府关于统筹推进一流大学和一流学科建设的意见》明确指出，"到2020年，3所左右大学达到或接近国家一流大学水平……到2030年，若干所大学进入国家一流大学行列"[2]。河北大学、河北工业大学、燕山大学和河北师范大学作为河北省重点支持的国家一流大学建设一层次高校，以建设国内一流大学为办学目标，但4所高校提出的建设目标超出了其现有的办学实力，导致其在建设中出现了不可避免的问题。其一，办学基础弱，与建设目标差距大。由于历史发展、地理区位等特殊原因，4所一层次高校发展较为滞后，实力仍有待提升。尽管在"双一流"战略的重点支持下，4所一层次高校的高水平大学建设已取得了较好的成绩与进步，但与"双一流"建设的目标定位仍存在较大差距，具体表现在两个方面。一方面，一流学科实力较弱，竞争力不强。第四轮学科评估结果显示，4所一层次高校的一流学科进入A类的只

---

[1] 刚刚，2021年7月 ESI 新鲜出炉！新晋学科瞩目！[EB/OL]．(2021-07-09)．http://baijiahao.baidu.com/s?id=1704762577910244689&wfr=spider&for=pc.
[2] 河北省人民政府办公厅. 河北省人民政府关于统筹推进一流大学和一流学科建设的意见[EB/OL]．(2016-05-23)．http://cxxd.tsgzy.edu.cn/col/1509448334514/2016/05/23/1509703847150.html.

有 1 个（燕山大学的机械工程，为 A-），进入 B+类的只有 2 个（燕山大学的材料科学与工程；河北工业大学的化学工程与技术）。①从学科评估结果可以看出，4 所一层次高校的一流学科建设水平不高，与东部高校相比缺乏竞争优势。另一方面，师资队伍水平不高，尖端人才较为欠缺。4 所一层次高校由于学科与科研平台较少、人才保障力度不够以及京津地区的虹吸效应等原因，存在人才引进难且流失严重、高层次拔尖人才缺口较大等问题，加之经费不足、自身培育能力不强等原因，更难以独立培育出高精尖人才。其二，建设中过于追求量化指标，弱化了内涵发展。由于自身建设目标定位过高、外部考核竞争压力较大，4 所一层次高校过于重视量化评价和短期效果，忽略了高校评价中存在的文化、创新贡献等一些不可测量的要素，陷入了"指标崇拜"误区，把原本极其复杂的大学评价变成极简化的数字比赛，忽视了其只是诊断学校发展问题的手段之一，使内涵建设沦为数据的附庸。

第三，建设方案模糊，没有明确的量化指标。河北省提出"双一流"建设方案以来，4 所高校相继出台了专门的一流大学和一流学科发展计划，但均将一流学科建设目标定位于"一批学科进入国家一流学科行列""若干学科进入或达到世界一流水平"等，而"国家一流""世界一流"等没有明确指标，只是一种愿景式的模糊表述，无法对高校学科建设水平进行量化评价。相比之下，湖南大学的一流学科建设目标更加明确："到 2020 年，2—3 个学科领域进入 ESI 前 1‰，学校 ESI 总被引次数世界排名提升 100 位；在全国高校一级学科排名中，新增前 5%的学科 1—2 个、前 10%的学科 3—4 个；部分优势学科达到世界一流水平。到 2030 年，化学、工程学、材料科学进入 ESI 前 0.5‰，环境科学与生态学、计算机科学、生物学与生物化学、物理学进入 ESI 前 1‰；主干学科达到世界一流水平。到本世纪中叶，化学、工程学、材料科学、环境科学与生态学、经济与商学进入世界前列，10 个学科进入全球前 50 强，20 个学科进入全球前 100 强，实现岳麓书院的现代复兴，全面建成世界一流大学。"②虽然类似量化目标的考核有工具导向之嫌，但是对于社会急需的一些学科领域，具体的量化目标在一定程度上确实能够激发高校的办学动力。

---

① 根据全国第四轮学科评估结果进行数据统计所得。详见：教育部学位与研究生教育发展中心. 全国第四轮学科评估结果公布[EB/OL].（2017-12-28）. http://www.cdgdc.edu.cn/xwyyjsjyxx/xkpgjg/.

② 湖南大学. 关于发布《湖南大学一流大学建设方案》的公告[EB/OL].（2018-01-15）. http://ce.hnu.edu.cn/info/1066/2275.htm.

二、政策支持力度不足，缺乏有效激励

河北省"双一流"战略虽然为4所一层次高校提供了重点支持，但未能有效激发它们的内生动力，支持力度还有待加强，突出表现在河北省委省政府期待有一所本地"双一流"大学的焦虑与压力，使其对4所一层次高校的支持一直处于左右摇摆之中。

第一，河北省委省政府期待有一所本地"双一流"大学的焦虑与压力剧增。一流大学建设或高水平大学建设是"双一流"建设的重中之重，是建设高教强省、实现高等教育内涵式发展的关键，更直接关系着河北省"双一流"建设的整体成效。因为河北工业大学这所河北省唯一的"双一流"学科建设高校地处天津而非河北省本地，所以河北省是全国唯一一个没有本地"双一流"高校的省份，石家庄市是全国唯一一个没有"双一流"高校的省会城市，这一尴尬现状使河北省被称为"高教洼地""高教最惨省"。为改变这种局面，河北省委省政府在继续重点支持河北工业大学的同时，期待在国家新一轮"双一流"遴选中能有一所自己本地的"双一流"大学，于是采取多种策略对河北大学、燕山大学、河北师范大学进行重点支持。焦虑与动力并存的心态使河北省委省政府的压力剧增，以致在支持4所一层次高校时出现了犹豫不定和左右摇摆的情况。

第二，河北省委省政府对4所一层次高校的重点支持存在一定程度的犹豫不定和左右摇摆。河北省"双一流"建设方案虽明确提出要重点建设4所一层次高校，可事实上省委省政府对这4所高校的支持一直处于摇摆之中，既影响了河北省集中资源支持1—2所高校脱颖而出的推进，又在一定程度上造成这4所高校之间的过度竞争。从"211工程"到国家"双一流"建设，河北省一直重点支持河北工业大学；在部省合建战略中，河北省则重点支持河北大学；2020年初，河北省专门出台《关于支持燕山大学加快"双一流"建设实现内涵式高质量发展的意见》，全力支持燕山大学建成世界知名研究型大学，确保其进入国家新一轮"双一流"建设行列[①]；2020年10月，河北省教育厅明确表示，优先支持河北工业大学"先进装备工程与技术"学科群，确保在国家"双一流"第二轮建设不出列[②]；在2021年2月的河北省"两会"期

---

① 艾秀廷，杨武. 河北省全力支持燕山大学加快"双一流"建设[EB/OL].（2020-02-29）. http://www.rmlt.com.cn/2020/0229/570721.shtml.

② 中共河北省教育厅党组. 中共河北省教育厅党组关于巡视整改情况的通报[EB/OL].（2020-10-20）. http://www.hebcdi.gov.cn/2020-10/20/content_8154818.htm.

间，省政协委员、燕山大学党委书记赵险峰代表科学技术界发言，提出按扶优扶强、集中财力办大事原则，对燕山大学、河北大学等有望冲击国家"双一流"的高校，从政策、经费、人才等方面给予重点支持，实现精准突破，填补河北省本地空白，引领带动全省高等教育高质量发展[①]。

由此可知，河北省"双一流"建设虽确定了4所重点建设高校，可在不同时期、面对不同战略机遇时，河北省委省政府对它们的重视和支持是有差别的。事实上，根据高校的办学实力进行不同程度的支持是正确且合理的，但河北省的这种不同对待反映出的却是省委省政府的犹豫不定和左右摇摆，这对在全国本就处于劣势的河北省来说是致命的。更关键的是，河北省虽在政策文件和不同场合表示要对4所一层次高校予以重点支持，但在实际的行动实施上却未与之保持一致。以河北省高校2021年度经费预算为例，最高的是河北师范大学（20.46亿），远远高于河北省唯一一所"双一流"学科建设高校河北工业大学（16.79亿）和河北大学（15.48亿）、燕山大学（13.73亿）[②]。

三、"双一流"建设经费较少

第一，从"双一流"建设经费投入来看，河北省5年共投入25亿。[③]与北京市投入近百亿[④]、上海市一期（2014—2017年）投入36亿[⑤]、江西省5年投入40亿[⑥]、广东省仅2021年对"高等教育'冲一流、补短板、强特色'提升计划"的资金支持便高达23.1亿[⑦]相比，河北省"双一流"经费投入总量远远落后于这些省份，在全国的排名并不高。如果以GDP为参照系，2016—2020

---

① 李会嫔，郭沛，蔡常山. 河北省政协委员建议重点支持燕大等有望冲击"双一流"的高校[EB/OL]. （2021-02-21）. http://baijiahao.baidu.com/s?id=1692314162374278084&wfr=spider&for=pc.
② 河北省教育厅. 河北省教育厅所属单位2021年度单位预算信息公开[EB/OL].（2021-03-10）. http://jyt.hebei.gov.cn/col/1405653192920/2021/03/09/1615283116962.html.
③ 河北省人民政府办公厅. 河北省人民政府关于统筹推进一流大学和一流学科建设的意见[EB/OL]. （2016-05-23）. http://cxxd.tsgzy.edu.cn/col/1509448334514/2016/05/23/1509703847150.html.
④ 北京市教育委员会. 北京高等学校高精尖创新中心建设计划[EB/OL]. （2015-12-17）. http://jw.beijing.gov.cn/kyc/tzgg_15522/201512/t20151217_1448437.html.
⑤ 上海市教育委员会. 上海高等学校学科发展与优化布局规划（2014—2020年）[EB/OL]. （2014-11-30）. http://xkkw.sut.edu.cn/info/1029/1095.htm.
⑥ 江西省人民政府. 江西省有特色高水平大学和一流学科专业建设实施方案[EB/OL]. （2017-05-19）. http://xdzx.xyc.edu.cn/index.php?c=show&id=227&s=news.
⑦ 广东省教育厅. 关于广东2021年高等教育"冲一流、补短板、强特色"提升计划资金安排方案的公示[EB/OL]. （2021-03-19）. http://app.gaokaozhitongche.com/news/h/Pw4lprJw.

年，河北省 GDP 在全国的排名分别为第8、第8、第9、第13、第12[①]，由此来看，河北省"双一流"经费总量也应该排名靠前才对，但事实上却差距较大，这一鲜明对比充分揭露了河北省"双一流"建设经费投入过少的事实，同时反映出河北省对"双一流"建设的重视程度和支持力度仍然不够。另外，前文已提到，与河北省相比，其他省份除"双一流"政策之外，还有其他相关配套政策和举措，且均有相应的经费支持和资金保障，这是河北省所欠缺的。

第二，从经费分配形式来看，河北省按照两类高校（一层次高校、二层次高校）、两类学科（世界一流学科、国家一流学科）来进行分配，虽然体现了一定的分层分类支持方式，但与其他省份相比，分配形式还不够多样。例如，河南省形成了 2 所"双一流"高校、9 所特色骨干大学、8 所特色骨干学科高校、15 所左右高水平应用技术类型本科院校和 50 个对接区域产业链的专业（群）的分类建设方式[②]；上海市形成了高峰（I类、II类、III类）、高原（I类、II类）学科建设及分类资助形式。从经费资助力度来看，河北省按照每年 5 亿、连续 5 年进行资助，有平均之嫌。与之相比，上海市经费投入以年度为周期实行动态调整，既为发展不利的学科设立优胜劣汰机制，又为具有潜力的新兴学科提供"补位"空间，更具动态性。[③]山东省提出经费投入额度要根据学科发展实际需求进行按需拨付，还提出如果最初未入选但最终达到建设目标的学科，将得到同等额度经费，以此激励和调动各学科加强建设、争先进位，更具科学性和可行性。[④]

第三，从 2021 年的高校年度经费预算来看，有两个方面值得关注：一方面，从省内比较来看，4 所一层次高校的经费预算与其受重视程度和办学实力并不匹配。如前所述，河北省 4 所一层次高校的年度经费预算依次为河北师范大学（20.46 亿）、河北工业大学（16.79 亿）、河北大学（15.48 亿）和燕山大学（13.73 亿）。从中可以发现，作为河北省委省政府更加倾力支持的、高校排名相对更高和办学实力更强的高校，河北工业大学、燕山大学、河北大学得

---

① 根据 2016—2020 年全国各省 GDP 的数据进行统计整理所得。
② 河南省人民政府.河南省人民政府关于印发河南省国民经济和社会发展第十四个五年规划和二〇三五年远景目标纲要的通知[EB/OL].（2021-04-02）.http://www.henan.gov.cn/2021/04-13/2124914.html.
③ 上海市教育委员会.上海高等学校学科发展与优化布局规划（2014-2020 年）[EB/OL].（2014-11-30）.http://xkxw.sut.edu.cn/info/1029/1095.htm；上海市教育委员会.上海高校高峰高原学科建设管理办法[EB/OL].（2016-01-12）.http://fzghb.ecnu.edu.cn/7d/5d/c23228a228701/page.htm.
④ 尹明亮.深化实施一流学科建设，山东省将启动"筑峰计划"[EB/OL].（2019-04-28）.http://www.qlwb.com.cn/detail/10113002.

到的资源和支持是比较有限的,相较而下,河北师范大学作为省会城市的唯一一所一层次高校,办学经费高居第一且多年来保持第一。[①]办学实力不如地理位置的经费投入理由使河北省的"双一流"建设进度缓慢,成效不显著。另一方面,从省内外比较来看,河北省高校的年度经费预算较少。河北师范大学年度经费预算虽在河北省最高,但在全国"双非"院校 2021 年度经费预算排名中仅为第 16 名,与深圳大学(75.33 亿)、广州大学(40.74 亿)、南方科技大学(40.73 亿)、浙江工业大学(36.77 亿)、齐鲁工业大学(33.07 亿)[②]相比有较大差距,河北工业大学、河北大学和燕山大学 3 所高校与这些高校的差距则更大。还有数据显示,地处石家庄市的 7 所重点高校(河北师范大学 20.46 亿、河北科技大学 9.87 亿、石家庄铁道大学 8.35 亿、河北医科大学 7.51 亿、河北经贸大学 7.47 亿、河北地质大学 7.20 亿、河北中医学院 3.47 亿)的年度经费预算合计 64.33 亿,甚至不如郑州大学一所高校的年度经费预算(70.67 亿)。[③]

以上所述均说明河北省在"双一流"建设中的经费投入力度较小。河北省本就在高水平大学实力方面较弱,虽想通过"双一流"建设奋起直追,但在重视程度和支持力度上还有待进一步提高。从经费角度来看,河北省高校要想取得大发展,急需得到更大的资金支持力度。

四、高校内部权力机制失衡,办学活力与合力不足

4 所一层次高校在建设高水平大学过程中,内部治理体系和治理能力都得到了相应的优化和提高,但也面临一些问题。第一,院校两级治理机制尚未理顺。在院校两级治理机制改革过程中,4 所一层次高校仍然主要采取科层结构模式,权力过分集中于校级层面,影响了不同学院的特色发展,学院承担的工作量大但权力较少,容易助长学校内部的官本位思想,最终影响学校内部改革成效。第二,行政权力泛化。4 所一层次高校内部治理中存在着行政权力与学

[①] 河北高校经费预算排名,河北师范登上榜首,燕山大学不升反降[EB/OL].(2021-12-12). http://3g.163.com/dy/article_cambrian/GR1I175O0552D877.html.

[②] 14 省 50 所省属高校,经费预算超过 15 亿,豫陕渝津无一校入围[EB/OL].(2021-11-01). http://www.163.com/dy/article/GNN530BQ0536QDVA.html.

[③] 如何看待石家庄 7 所重点高校总预算低于郑州大学?[EB/OL].(2021-05-01). http://www.360kuai.com/pc/980e394931d4c7d2e?cota=3&kuai_so=1&sign=360_57c3bbd1&refer_scene=so_1.

术权力界限模糊不清的问题，出现了行政权力泛化的现象，表现在以行政的方式管理学术事务，以致包办学术事务[①]；学术组织的成员多具有双重身份，既为教授、学者又担任行政职务，容易导致学术权力行政化。第三，民主管理监督机制不完善。受传统领导机制的影响，4所一层次高校的内部治理缺乏民主理念的指导，教师与学生参与民主管理与监督的范围有限，参与渠道也比较单一，导致其在学院治理中严重缺位。

第三节　河北省一流大学建设的有效对策

面对国家"双一流"新一轮建设周期的即将展开，4所一层次高校要想尽快建成区域特色高水平大学，需要采用内外联动、"输""造"结合等方式形成合力，以不断提高办学质量和办学水平。

一、外部支持持续发力，继续加大高水平大学重点建设力度

（一）各级政府加大支持力度，建立长效政策机制

第一，积极争取中央政府的倾斜支持。一是河北省委省政府和全国两会代表应该在全国两会等国家级场合大力呼吁，争取中央政府对河北省高校的倾斜支持和重点照顾，尤其是在国家新一轮"双一流"遴选中加大对河北省高校的倾斜力度。二是建议教育部把河北大学这一部省合建高校纳入教育部直属高校行列。虽然"部省合建"战略明确提出部省合建高校与教育部直属高校同等对待[②]，但在执行过程中，二者之间还存在一定差别。三是随着《中共中央国务院关于新时代推动中部地区高质量发展的意见》《关于新时代振兴中西部

---

① 刘宇雷."双一流"背景下高校内部治理面临的挑战及其应对[J]. 江苏高教，2019（11）：47-50.
② 又一力证：教育部直属高校和部省合建高校，一个级别，同等看待[EB/OL].（2020-01-02）. http://baijiahao.baidu.com/s?id=1654616192670373424&wfr=spider&for=pc.

高等教育的若干意见》的出台，包括河北省在内的中西部高等教育将迎来新的发展机遇，获得更大的支持力度。

第二，河北省要进一步加大对"双一流"建设的重视程度和支持力度。其一，河北省要继续加大对"双一流"建设的重视程度。很多省份均在不同政策文件中表示对本省优势高校进行重点建设，如江西省在《江西省国民经济和社会发展第十四个五年规划和二〇三五年远景目标纲要》中明确提到"举全省之力办好南昌大学，争取进入世界一流大学建设高校行列"；海南省人民政府办公厅专门出台《聚全省之力办好海南大学的工作方案》；新疆在《新疆维吾尔自治区教育事业发展"十三五"规划》中提出"支持新疆大学纳入教育部直属院校"，这些均值得河北省借鉴学习。因此，基于河北省高水平大学少、实力弱这一现实，河北省委省政府应尽快出台相关规划，从领导重视、政策支持、资金资助等方面举全省之力重点支持4所一层次高校，争取早日进入全国一流大学行列。其二，继续采取积极的建设策略。在国家新一轮"双一流"遴选中，燕山大学、河北大学等有望冲击国家"双一流"建设行列的高校未能入选，为此河北省应继续实施更加积极的"双一流"建设策略，集中力量加大对重点高校和学科的支持力度，以期实现本地有"双一流"大学的目标。

第三，实行省市共建，加大市级政府对12所"双一流"建设高校尤其是4所一层次高校的支持力度。高水平大学建设与城市发展之间的互动共赢已获得广泛共识。无论是引进优质高等教育资源的典型代表深圳和青岛，还是近期斥巨资建设河南科技大学的洛阳市，以及采用省市共建模式的东莞理工学院、佛山科学技术学院等广东省高水平理工科大学，都体现了市级政府对当地高水平大学建设的高度重视和大力支持。与之相比，河北省高校所在地市级政府对其的支持则十分有限。因此，在河北省新一轮"双一流"建设中，建议实行省市共建高水平大学建设模式，进一步加大校地互动合作，高校所在地市级政府要加大对高校的重视和支持，尤其是在政策、土地、资金等方面进行大力支持。

（二）进一步加大经费投入力度，提高资金使用灵活性

第一，进一步加大经费投入力度。河北省无论是"双一流"建设专项经费，还是各高校年度经费预算，与其他大部分省份相比均存在较大差距。因此，河北省需要在新一轮"双一流"建设中进一步加大经费投入力度，以确保

充分的经费支持。除此之外，河北省还需要统筹财政，设置多种专项建设计划经费，以保障各类高校在一流高等教育体系和高校分类政策下得到合理定位和特色发展。

第二，建立多元化经费投入渠道，形成各级政府（中央政府、省级政府、市级政府）、社会捐赠、学校自筹以及其他形式等多元渠道。其一，河北省的财政实力偏弱，对高校的支持力度有限，需要中央政府给予更多的经费支持和倾斜。其二，通过省市共建、校地互动等形式，市级政府应进一步加大对本市高校的重视和支持。其三，高校通过社会捐赠、收缴学费以及科技成果转化等形式提升筹资能力，以满足自身发展需要。

第三，制定合理的经费使用制度。河北省"双一流"建设经费面临下拨过程烦琐、周期长、使用限制多等问题，造成经费使用效率低和一定程度的浪费。因此，需要通过多种有效举措进一步增强经费使用的科学性、合理性与灵活性，放宽经费使用限制，以便及时根据使用过程中的问题进行调整，从而避免经费浪费。

（三）完善动态调整机制，继续实施重点建设方针

动态调整机制是"双一流"建设的主要特征之一，也是与此前其他高等教育重点建设政策相比的重要创新之处，备受人们关注，不实施不行，但如何实施还需要具体情况具体分析。如前所述，12所高校尤其是4所一层次高校经过重点资助，成效并不理想，但这些高校毕竟是河北省综合实力较强的高校，如果被调整出列，不但会造成一定程度的震荡，而且其他高校能被选入的可能性也较小；如果不被调整出列，又会流于身份固化，违背优胜劣汰的竞争机制，还会面对其他高校要求进入"双一流"建设行列的巨大压力。因此，可从两方面采取措施：其一，建立动态缓冲期。对表现较差的高校和学科，设立一个缓冲期，给予其"黄牌"警告，如果再经过一个建设周期还是没有较大发展，再对其进行调整。[①]其二，实施奖优惩劣机制。对考核优秀的高校和学科，追加一定数量的拨款，进行一定程度的奖励激励；对表现较差的高校和学科，在减少对其一定数量的拨款的基础上，还要对其主管领导予以调整工作岗位、降职或免职等形式的问责。

---

① 刘海峰."双一流"建设的继承、创新与推进[J]. 高等教育研究，2021（1）：1-7.

二、不断激发内生动力，增强高水平大学建设的自主发展能力

4所一层次高校建设成为"世界知名、中国特色、燕赵风格"的高水平大学是一个自主发展和外部支持合力推进的过程，需要内外联动。除加强制度供给外，还需要4所一层次高校积极培植自身"造血"基因，努力从外部依赖走向自主成长，将政策红利转变为内生发展动力。

（一）破除区位劣势，凸显区域优势

4所一层次高校在建设高水平大学过程中受到各种因素的限制，其中首要因素就是区位劣势。4所一层次高校应突破思想，转变意识观念，深入挖掘区域发展潜力，凸显自身办学特色与竞争优势。第一，破除"等、靠、要"的思想，真正激发内部发展活力。区域位置是"身份证"而不是身份固化，是地理区位而不是发展定位。[①]4所一层次高校应正视自身不足，化压力为动力，把握机遇迎难而上，树立建设高水平大学的信心和决心，不断提高办学水平与发展活力。第二，发挥后发优势，实现跨越式发展。落后是暂时的，从长远来看，4所一层次高校可以利用后发优势，积极借鉴国内外一流大学的成功经验，充分发挥区域优势，避免走弯路与付出不必要的代价，结合自身现状加大改革创新力度，以进一步缩小与国内外一流大学的差距，最终实现与之"并跑"甚至"领跑"的目标。

（二）强化特色、突出优势，带动学科全局发展

河北省开展"双一流"建设以来，4所一层次高校的一流学科实力有所提升，但学科整体实力并不突出，特色学科存在特而不强、优而竞争力弱等问题。在这种局面下，强化特色、发挥已有优势，带动学科全局发展、提升学校整体实力，是当前4所一层次高校学科建设的重要任务。

第一，发挥特色学科的品牌效应，提升学校整体实力。特色学科建成后，学校要充分利用品牌效应，将这一无形资产有形化，推动学校建设。一是

[①] 蒋华林，蒋基敏. 破除"西部意识"：西部高等教育全面振兴的思路与策略[J]. 重庆高教研究，2020（1）：105-113.

总结特色学科的建设经验、发展规律，凝练特色化理论体系，并将之应用到其他学科的建设中去，促进不同学科特色化发展，最终实现整体学科的发展。二是将特色学科打造为具有高竞争力的强势学科，形成人无我有、人有我强、人强我特的强势特色学科建设路线。以强势学科"点"的引领和辐射，带动相关学科晋级为优势学科群，从而提升学校整体办学实力。

第二，围绕特色学科建立学科融合平台，创新学科建设路径。例如，南昌大学采用"2+X"的方式推进学科特区建设，目前已取得不少卓越成绩，其中"2"指"新材料技术"学科群、"食品科学技术与健康"学科群，"X"指以"能进能出"方式滚动支持的候选学科。[1] 4所一层次高校可以借鉴南昌大学建设学科特区的成功经验，围绕国家重大战略和区域发展需求，打破原有的学科建设模式，紧紧围绕优势特色学科构建有利于学科交叉融合的平台，以优势学科带动相关学科交叉协同发展。

第三，在服务中追求学科卓越。基于学科与产业间已形成的"双联动"行动逻辑，即两者之间你中有我、我中有你的交互发展形势，为学科在服务中求发展、求进步奠定坚实基础。因此，学科建设可以也应当积极地在服务国家和区域中追求卓越。一是按照国家和社会的需求，找准学科发展方向，依托学科平台和技术优势，针对关键问题积极开展研究，切实推进世界一流学科建设。二是从实践中提炼出科学问题，将其作为开展新研究的切入点，积极探究隐藏在问题背后的科学原理，这既能有效解决社会现实问题，又能为学科进一步发展开辟全新的研究领域。[2]

（三）完善师资队伍建设机制，打造一流师资队伍

当前4所一层次高校在师资队伍建设上的成效初显，但仍存在引进难、流失严重等问题。面对此种困境，4所一层次高校应进一步完善师资队伍建设机制，以消除长期以来对缺乏人才和人才流失的焦虑。

第一，探索人才引培的新路径。4所一层次高校应当在继续落实人才政策和计划、加大经费投入力度的基础上着重创新引培路径。在人才引进方面，柔性引进是4所一层次高校引进高层次人才的重要方式和成功经验，因此，4所

---

[1] 甘甜. 南昌大学："特区"里走出学科新路[N]. 中国教育报，2020-12-02（1）.
[2] 刘国瑜. 在服务国家和社会中追求学术卓越——我国高校创建世界一流学科的思考[J]. 学位与研究生教育，2016（8）：12-15.

一层次高校应当进一步创新柔性引进方式，大力挖掘区域资源优势，借助得天独厚的自然资源以及便捷的国际交流优势实行人才共享模式[1]，通过租赁型共享、任务型共享、候鸟型共享、建立交互式智能专家系统，以及聘请"虚拟专家"实行云共享等方式[2]，加速学校在高层次人才引进上提质增效，促进宝塔形师资队伍结构更加科学与完善。在人才培育方面，通过与国内外知名高校合作的方式，充分利用知名高校的优质资源，通过联合设置博士点、开展合作研究、实行双向挂职、支持在职教师到合作高校攻读学位等方式，增进在职教师对学校的认同感与归属感，并推进与合作高校之间的深度合作，力争在师资培育上实现质的突破。

第二，遵循市场规律，阶段性留住人才。人才流失无疑是当前4所一层次高校面临的难题之一，而要解决这个问题，不应该仅仅依靠外部政策的约束或号召，而应该以市场化思维看待人才流动，按照市场规律设计阶段性留住人才的方案。[3] 为此，4所一层次高校需尽自己所能用好人才，为当前学校中的教师提供更加优质的服务保障，做到人尽其才，才尽其用，如进一步落实人才自主权，搭建更多的科研平台，设置晋升"绿色通道"等。

第三，增强人才服务意识，打好"感情牌"。4所一层次高校应当全方位精细化关心人才，实施安居工程，通过采取领导与青年教师结对、提高安家费、解决子女入学和配偶工作安置问题、建立一站式服务体系等措施，消除教师的后顾之忧，为教师创造安心做科研的环境，形成尊重人才、服务人才的氛围。

（四）深化综合改革，创建服务型高校

4所一层次高校应加大改革力度，建立健全各项管理制度，推进办学实力提升与深化综合改革双轮驱动。第一，推动学校从"校办院"向"院办校"转化，真正落实好办学自主权下放政策。例如，赋予学院在招生、人事招聘、专业设置等方面的自主权，提高学院改革发展的主动性与创造性，进而提升学校整体办学活力。第二，创新人事、科研等管理机制，充分调动高校人员的积极

---

[1] 周小波，王成端，谢鸿全，等. 西部地方院校大学竞争力与发展战略研究[J]. 中国高教研究，2011（1）：63-65.

[2] 李硕豪. 西部高等教育均衡发展的路径创新[N]. 光明日报，2020-06-09（13）.

[3] 陈洪捷，张应强，阎光才，等. 人才问题与西部高等教育发展专题（笔谈）[J]. 重庆高教研究，2020（6）：5-22.

性。例如，探索科研人员持股参与成果转化收益分红的激励制度；推行关键岗位年薪制、团队工资协商制的多元分配制度；实施同行评议、学术代表作制度等。第三，切实转变观念，增强宗旨意识，建设服务型高校。例如，高校应深入开展管理机构作风纪律专项整治活动，营造风清气正、干事创业的政治生态环境；把"以人为本"的思想理念转变为具体行动，真正打造服务型教育教学环境。

第五章
河北省一流学科建设的问题与对策

一流学科是一流大学的重要载体，是"双一流"建设的重要组成部分。随着河北省"双一流"建设的深入推进以及对高等教育内涵式发展的强烈诉求，河北省一流学科建设面临着一系列挑战和机遇。本章将通过系统梳理河北省一流学科建设现状、深入分析一流学科建设中存在的问题，从而提出一流学科建设的对策，以期深入推进河北省"双一流"建设。

第一节 河北省一流学科建设的现状分析

国家重点学科、全国第四轮学科评估结果、ESI 学科排名、国家"双一流"学科建设名单以及河北省"双一流"学科建设名单是了解河北省一流学科建设基本情况的主要数据来源。河北省"双一流"建设的 4 所一层次高校和 8 所二层次高校的一流学科分布情况，如表 5-1 所示。

第一，从国家重点学科名单来看，河北省有 1 个一级学科国家重点学科（燕山大学的机械工程）、5 个二级学科国家重点学科（河北工业大学的材料物理与化学、电机与电器，燕山大学的材料学，河北医科大学的中西医结合基础，河北师范大学的细胞生物学）和 3 个国家重点（培育）学科（河北大学的动物学、河北农业大学的作物遗传育种和河北医科大学的法医学），分别占全国的 0.35%、0.74%、1.38%，可见，河北省高校的国家重点学科排名整体靠后。

第五章 河北省一流学科建设的问题与对策

表5-1 河北省12所"双一流"一流大学建设高校中的一流学科分布情况

高校名称	国家重点学科 一级学科	国家重点学科 二级学科	培育学科	教育部第四轮学科评估结果 A-	教育部第四轮学科评估结果 B+	教育部第四轮学科评估结果 B	2021年7月ESI前1%的学科	国家"双一流"学科建设名单	河北省"双一流"世界一流学科	河北省"双一流"中一流学科建设名单 国家一流学科
河北大学			动物学			中国语言文学、新闻传播学	化学、材料科学		化学、光学工程、中国语言文学	生物学、中国史、哲学、教育学
河北工业大学		材料物理与化学、电机与电器			化学工程与技术	机械工程、电气工程、材料科学与工程、工商管理	材料科学、工程学、化学	电气工程	材料科学与工程、电气工程、化学工程与技术	机械工程、管理科学与工程、电子科学与工程、土木工程
燕山大学	机械工程	材料学		机械工程	材料科学与工程	控制科学与工程、计算机科学与技术、化学工程与技术	材料科学、工程学、计算机科学、化学		机械工程、材料科学与工程、控制科学与工程	化学工程与技术、计算机科学与技术、管理科学与工程、电气工程
河北师范大学		细胞生物学				马克思主义理论、中国语言文学、数学、生态学	植物与动物科学、化学		生物学、考古学、数学	中国史、物理学、中国语言文学、生态学
河北农业大学			作物遗传育种				植物与动物科学、农业科学		作物学	园艺学、林学、食品科学与工程、生态学
河北医科大学		中西医结合基础	法医学				神经科学与行为、临床医学、药理学与毒理学		临床医学	法医学、药学、中西医结合基础

续表

高校名称	国家重点学科 一级学科	国家重点学科 二级学科	国家重点学科 培育学科	教育部第四轮学科评估结果 A-	教育部第四轮学科评估结果 B+	教育部第四轮学科评估结果 B	2021年7月ESI前1%的学科	国家"双一流"学科建设名单	河北省"双一流"学科建设名单 世界一流学科	河北省"双一流"学科建设名单 国家一流学科
华北理工大学							生物与生化、临床医学、化学、工程科学		冶金工程	矿业工程、公共卫生与预防医学
石家庄铁道大学					土木工程		工程科学		土木工程	交通运输工程、机械工程
河北科技大学							工程科学		生物工程(基因编辑)	化学工程与技术、环境科学与工程
河北经贸大学										应用经济学、法学、马克思主义原理
河北工程大学										水利工程、地质资源与地质工程、机械工程
河北中医学院										中西医结合临床、中医诊断学、中药学
总计	1	5	3	1	3	13	22	1	17	37

资料来源:根据国家重点学科名单、教育部第四轮学科评估结果、2021年7月ESI学科排名、国家"双一流"学科建设名单以及河北省"双一流"学科建设名单,对12所高校(4所一层次高校、8所二层次高校)的入选学科进行整理所得

第二，从全国第四轮学科评估结果来看，河北省只有1个学科被评为A-（燕山大学的机械工程）、3个学科被评为B+（燕山大学的材料科学与工程、河北工业大学的化学工程与技术、石家庄铁道大学的土木工程），A类学科数量在全国排名第22，B+学科数量在全国排名第23，可见，河北省高校的学科排名也较为靠后。

第三，从2021年7月的ESI学科排名来看，我国共342所高校上榜，其中河北省共9所高校的22个学科进入ESI全球前1%，无学科进入全球前1‰，排名最高的为燕山大学，仅排全国第117名。[①]

第四，从国家"双一流"一流学科建设名单来看，河北省仅有河北工业大学的电气工程1个学科入选，位于全国第22名，与北京（162个）、上海（57个）、江苏（43个）相比[②]，差距较大。

第五，从河北省"双一流"一流学科建设名单来看，共有54个学科入选，其中，17个世界一流学科建设项目分布在工学（8个）、理学（5个）、医学（1个）、文学（1个）、农学（1个）、历史学（1个）6个学科门类；37个国家一流学科建设项目分布在工学（15个）、医学（7个）、理学（3个）、管理学（2个）、农学（2个）、历史学（2个）、法学（2个）、文学（1个）、哲学（1个）、经济学（1个）、教育学（1个）等11个学科门类。另外，从54个学科所属高校分布来看，4所一层次高校均有3个世界一流学科、4个国家一流学科；二层次高校的世界一流学科和国家一流学科的数量不固定。

第二节 河北省一流学科建设中存在的问题

一、一流学科数量少、竞争力较弱

第一，一流学科数量较少。从国家重点学科、全国第四轮学科评估结

[①] 刚刚，2021年7月ESI新鲜出炉！新晋学科瞩目！[EB/OL].（2021-07-09）. http://baijiahao. baidu.com/s?id=1704762577910244689&wfr=spider&for=pc.

[②] 根据"双一流"建设学科名单进行数据统计所得。详见：教育部. "双一流"建设学科名单 [EB/OL].（2017-12-06）. http://www.moe.gov.cn/s78/A22/A22_ztzl/ztzl_tjsylpt/sylpt_jsxk/201712/ t20171206_320669.html.

果、ESI 学科排名、国家"双一流"学科建设名单来看，河北省一流学科数量极少，在全国的排名均不高，处于弱势地位。

第二，一流学科的竞争力较弱。以河北省"双一流"中 54 个一流学科为基数，以全国第四轮学科评估结果为参照系来审视，可以看出：17 个世界一流学科中，1 个 A-、3 个 B+、5 个 B、5 个 B-、2 个 C+、1 个未入榜；37 个国家一流学科中，5 个 B、11 个 B-、8 个 C+、5 个 C、2 个 C-、6 个未入榜。这充分说明河北省一流学科整体实力较弱、竞争力不强。

第三，一流学科建设成效不大。从几个学科排行榜来审视河北省一流学科建设成效可以发现，成效不显著。一方面，从 ESI 学科排名来看，虽然河北省"双一流"政策文本中没有明确提出 2020 年进入 ESI 前 1%的数量目标，但实际建设情况与江苏（100 个）[①]、山东（50 个）[②]等省份的建设情况相比，差距较大，而且这些省份不仅提前还超额完成了目标，因此，对于河北省来说，急需提高建设目标并继续努力。另一方面，从全国第四轮学科评估结果来看，与第三轮学科评估相比，河北省一流学科的建设成效并没有得到显著提升，反而部分优势学科的排名还有所下滑，与其他省份大跨步发展相比，河北省的学科建设成效较小。

二、一流学科建设目标模糊、建设方案不到位

对《河北省人民政府关于统筹推进一流大学和一流学科建设的意见》以及河北省"双一流"建设高校一流学科建设目标进行分析可以发现以下问题。

第一，制定的建设目标过于笼统、模糊。河北省大部分高校把一流学科的建设目标定位为"一批学科进入国家一流学科行列""若干学科达到世界一流水平""个别学科接近或达到世界一流学科水平"等，"一批""若干""个别"等没有明确的数字所指，难以对学科建设发挥积极引领作用。与之相比，湖北省将一流学科建设目标与 ESI 学科排名挂钩，目标定位为"至 2020 年，6 个以上学科进入 ESI 全球同类学科前 1‰，20 个学科进入前 200 位"[③]，建

---

① 江苏省人民政府. 江苏高水平大学建设方案[EB/OL].（2016-06-15）. http://xkb.yctc.edu.cn/2017/0312/c1914a15399/page.htm.

② 山东省人民政府. 推进一流大学和一流学科建设方案[EB/OL].（2016-12-26）. http://www.shandong.gov.cn/art/2016/12/27/art_2267_19523.html.

③ 湖北省人民政府. 湖北省人民政府关于推进一流大学和一流学科建设的实施意见[EB/OL].（2016-12-28）. http://www.hubei.gov.cn/govfile/ezf/201701/t20170106_1032899.shtml.

设目标明确、可操作性强。

第二，一流学科的内涵不够明确。"世界一流""国家一流""省内一流"等体现出河北省对一流学科的内涵界定得不够清晰，对其指标体系、评价标准缺乏深入认识，如燕山大学提出"到2020年，第一层次学科达到世界一流学科水平，第二层次学科达到国内一流学科水平，第三层次学科建成省内一流学科。到2030年，第一层次学科稳步提升在世界一流学科中的位次，第二层次学科跻身世界一流学科建设行列，第三层次学科达到国内一流学科水平"[1]。这些表述是一种较模糊的愿景式表述，容易造成因对建设目标理解不当而发生偏离正常发展轨道的情况。与之相比，江苏、山东等省份引入了全国学科评估排名、ESI 学科排名作为各层次一流的评价标准，如山东省规定"争取新增3—5个学科进入国家一流学科行列，20个左右学科在全国第五轮学科评估中达到 A 类等级"[2]，这样的表述相对具体、明确。

第三，一流学科建设目标定位过高，较理想化。《河北省人民政府关于统筹推进一流大学和一流学科建设的意见》中提出，到2030年更多学科进入国家一流学科行列，10个左右学科进入世界一流学科行列[3]；《河北大学一流大学和一流学科建设规划》中提出，到2030年，有9个学科达到国家一流学科水平[4]。这些目标的制定虽有利于激发高校建设一流学科的积极性，但与河北省、河北大学的现有实力相脱节，有好高骛远之嫌。

第四，一流学科建设方案后续落实不到位。河北省虽提出了有关"双一流"建设的政策意见，但均是围绕一流大学和一流学科两方面展开的，缺乏专门的一流学科建设方案，从而导致学科建设规划不明、方法举措不强、支持力度不够、突破性进展不大、后续发展乏力等问题。调研发现，一些先进省份均出台了相应的一流学科的建设方案，如上海市出台了《上海高校高峰高原学科建设管理办法》、河南省出台了《河南省优势特色学科建设工程实施方案》、山东省启动了"筑峰计划"等，均为本省一流学科建设提供了明确的建设规划、

---

[1] 燕山大学. 关于印发《燕山大学一流大学和一流学科建设方案（试行）》的通知[EB/OL].（2016-11-29）. http://gs.ysu.edu.cn/info/1044/1406.htm.
[2] 山东省人民政府. 解读《关于推进新时代山东高等教育高质量发展的若干意见》[EB/OL].（2019-04-28）. http://www.shandong.gov.cn/art/2019/4/28/art_81283_31793.html.
[3] 河北省人民政府办公厅. 河北省人民政府关于统筹推进一流大学和一流学科建设的意见[EB/OL].（2016-05-23）. http://cxxd.tsgzy.edu.cn/col/1509448334514/2016/05/23/1509703847150.html.
[4] 河北大学. 关于印发《河北大学一流大学和一流学科建设规划》的通知[EB/OL].（2017-01-12）. http://office.hbu.cn/edoas/website/level3.jsp?tablename=20&infoid=10875.

管理办法和过程监督，值得河北省借鉴和学习。

三、一流学科结构布局不合理

一流学科结构布局不合理主要体现在分布、类型、层次等方面。

第一，一流学科分布不合理，以应用学科、自然科学为主，基础学科、人文社会科学未得到重视。从河北省54个一流学科建设名单来看，主要分布在工学（23个）、理学（8个）、医学（8个）、农学（3个）、历史学（3个）、管理学（2个）、文学（2个）、法学（2个）、哲学（1个）、教育学（1个）、经济学（1个）等11个学科门类。由此可以看出，工、理、医、农等4个自然科学共计42个学科，占比高达77.8%；人文社会科学共计12个学科，占比仅为22.2%，二者在数量上的差异十分明显。

第二，一流学科建设同质化现象严重。同一学科在多个高校均入选一流学科建设行列，54个一流学科建设名单中，机械工程入选4次、化学工程与技术入选3次、材料科学与工程入选2次、电气工程入选2次、土木工程入选2次、生物学入选2次、中国语言文学入选2次、中国史入选2次、管理科学与工程入选2次。这些学科在河北省是优势学科，在省内具有显著优势，但与其他省份高校的同类学科相比差距较大。以ESI学科排名为例，河北省的化学和工程科学两个学科均有4所高校入选，属于入选最多的学科，但排名最高的仅为62名（燕山大学的工程科学）。

第三，一流学科主要集中于理工类、行业类高校，暴露了综合性高校"综而不强"的事实。从各个学科排行榜入选学科来看，燕山大学、河北工业大学的优势学科比较突出，说明这两所高校具有较强的办学特色，石家庄铁道大学、河北医科大学、河北农业大学等行业类大学的行业学科优势明显，具有明显的学科特色，与之相比，作为综合性大学，河北大学、河北师范大学还需进一步加强内涵建设和特色发展。

第四，一流学科建设层次不明确。河北省虽把一流学科建设分为世界一流和国家一流两个层次，但对两个层次的内涵既无明确说明，也无具体要求和评价标准，导致河北省部分大学对一流学科的理解和表述不够清晰，如河北大学提出到2020年，化学等3个学科接近世界一流学科水平，生物学等4个学科进入国家一流学科行列，应用经济学等5个学科达到国家一流学科水平；

到 2030 年，学校进入国家一流大学行列，化学等 3 个学科进入世界一流学科行列，生物学等 4 个学科进入国家一流学科前列，并向世界一流学科对标，应用经济学等 5 个学科进入国家一流学科行列。[1]河北工业大学提出到 2030 年，部分学科达到国内一流学科水平，个别学科接近或达到世界一流学科水平。[2]与之相比，上海市一流学科建设既有明确的分层分类，也有总体目标与每类学科的具体目标，十分清楚。《上海高校高峰高原学科建设管理办法》按高峰学科（Ⅰ、Ⅱ、Ⅲ、Ⅳ四类）和高原学科（Ⅰ、Ⅱ两类）进行建设，遵循分类建设、优化布局、凸显优势的原则，高峰学科体现国际一流、国内顶尖、国家和区域急需的标准，高原学科则体现特色鲜明、贡献突出、达到国内一流水平的标准。例如，Ⅰ类高峰学科的建设目标是保持或建成全国第一，总体实力达到世界一流；Ⅰ类高原学科的建设目标是一级学科点进入国内前三名或前20%；等等。[3]

第五，学科结构与产业结构结合不紧密。河北省一流学科建设充分体现了"优、强、特、重"的特点，目的是发展优势特色学科，遵循传统优势和学术优势，但对社会需求关注不够，如《河北省国民经济和社会发展第十三个五年规划纲要》提出今后要大力发展汽车装备制造、海洋工程、商贸物流、旅游等产业[4]，而河北省一流学科中与这些产业需求相关的比较少，还需进一步加大对新兴学科的支持力度。

四、一流学科建设资助力度较小，分配不太合理

第一，经费投入力度较小。河北省"双一流"投入经费是连续 5 年共投入 25 亿元，虽与以往重点建设项目的投入资金相比有大幅增加，但与其他省份如江苏、福建、安徽等相比，仍有较大差距，没有体现出河北省对"双一流"的重视程度和借此机会建设高教强省的魄力。在一流学科建设方面，河北

---

[1] 河北大学. 关于印发《河北大学一流大学和一流学科建设规划》的通知[EB/OL].（2017-01-12）. http://office.hbu.cn/edoas/website/level3.jsp?tablename=20&infoid=10875.

[2] 河北工业大学. 关于发布《河北工业大学一流学科建设高校建设方案（精编版）》的公告[EB/OL].（2018-01-15）. http://www.hebut.edu.cn/tzgg/66347.htm.

[3] 上海市教育委员会. 上海以"高峰""高原"学科建设率先对接国家一流大学和一流学科建设[EB/OL].（2015-12-30）. http://edu.sh.gov.cn/web/xwzx/show_article.html?article_id=85864.

[4] 河北省人民政府. 河北省国民经济和社会发展第十三个五年规划纲要[EB/OL].（2016-04-19）http://www.hebei.gov.cn/hebei/10731222/10751796/10758975/13998722/index.html.

省的经费投入更是严重不足，与部分省份相比，力度太小。例如，上海市2015—2017 年用于"高峰高原"学科建设的总投入高达 36 亿元[①]；山东省对"筑峰计划"中"培育国家一流学科"的经费支持是 1 亿元（自然科学类）和 4000 万元（人文社会科学类），"培育 A 类学科"的经费支持是 5000 万元（自然科学类）和 2000 万元（人文社会科学类）[②]。这些省份投入经费力度之大，充分显示了这些省份对一流学科建设的高度重视和支持的决心。

第二，经费分配不合理。其一，在经费正式下拨之前，部分高校与相关部门均积极争取、相互博弈，导致经费资助力度和分配方式发生调整，同时暴露出在经费分配中存在利益均沾的不合理现象。其二，部分省份会根据每年学科考核的结果对资助经费进行动态调整，充分体现了分类支持、动态调整的原则，如山东省对"筑峰计划"的经费投入方式进行了创新，投入额度根据各校每年度学科发展实际需求进行按需拨付，确保了经费投入的有效性，与河北省连续 5 年相同金额的资助相比，更具科学性。

第三，经费使用不合理。虽然《河北省一流大学和一流学科建设专项资金管理办法》对资金使用做了明确要求，但在具体实施中却不能很好地执行，受到了其他财政管理规定的一些限制和束缚。例如，各高校对年度专项资金的使用应在 6 月底完成 60%以上、10 月底完成 90%以上，如未达到预期进度，则收回或允许校内调剂。[③]这一使用要求既不科学也不合理，不但会影响资金的合理使用，还有可能会出现为按时完成使用要求而盲目、乱用或浪费经费的现象。针对经费使用中过于注重"只投物、不投人"的现状，上海市的做法值得借鉴。上海市认为吸引高水平人才是建设一流学科的关键，为此，"高峰高原"学科建设计划从制度层面弥补了传统经费使用的缺陷，明确要求 50%的经费用于与学科建设有关的人员经费。[④]

第四，资金使用缺乏动态调整机制。《河北省一流大学和一流学科建设专项资金管理办法》虽提出专项资金要根据绩效评价进行动态调整，但缺乏明确的实施方案。与之相比，上海、山东、广东、安徽等省份均提出对一流学科进

---

① 上海市教育委员会. 上海以"高峰""高原"学科建设率先对接国家一流大学和一流学科建设[EB/OL].（2015-12-30）. http://edu.sh.gov.cn/web/xwzx/show_article.html?article_id=85864.

② 尹明亮. 建设"双一流"！未来山东将这样推进高校发展[EB/OL].（2019-04-28）. http://sd.ifeng.com/a/20190428/7412479_0.shtml.

③ 河北省人民政府. 河北省省级预算管理规定[EB/OL].（2009-06-10）. http://info.hebei.gov.cn//eportal/ui?pageId=6806152&articleKey=3695594zc&columnId=6806589.

④ 樊丽萍. "高峰高原"计划一半经费投给"人"[N]. 文汇报，2015-11-18（1）.

行动态调整和奖补的举措和方案，为一流学科建设提供了有力的经费保障。例如，上海市对一流学科的经费投入以年度为周期实行动态调整，既针对发展不利的学科设立优胜劣汰机制，又为具有潜力的新兴学科提供补位空间[①]；山东省提出经费投入额度会根据学科发展实际需求进行拨付，还提出如果未能入选"筑峰计划"的学科最终能达到该计划的标准，将按"筑峰计划"的支持经费额度予以奖补，以充分激励和调动各个学科加强建设、争先进位[②]；广东省专门出台《高等教育"冲一流、补短板、强特色"提升计划实施方案》，分冲一流、补短板、强特色三类分别对相应高校和学科进行大力支持。

第三节　河北省一流学科建设的有效对策

一、加强顶层设计，健全组织管理，制定学科建设与发展规划

（一）加强顶层设计，制定一流学科建设规划

第一，制定一流学科建设的相关方案和计划。为深入推进一流学科建设，河北省应制定专门的相关政策和方案。其一，河北省应结合实际制定"河北省一流学科建设实施办法"，以明确一流学科建设目标、建设内容、进度计划、预期成效等内容。《浙江省一流学科建设实施办法》《贵州省一流学科建设管理办法（试行）》分别从建设任务、建设原则、建设主体与职责、建设机制等方面做了详细说明，可为河北省提供很多借鉴和启发。其二，河北省可借鉴辽宁省的"一流学科建设工程"、山东省的学科"筑峰计划"、上海市的"上海高校一流学科建设计划"和"上海高校高峰高原学科建设计划"等，制定实施河北省的"一流学科建设计划"，分层次、分类别实施不同学科的建设。

第二，明确一流学科建设的目标和内涵。辽宁、浙江、上海等省份均制

[①] 樊丽萍."高峰高原"计划一半经费投给"人"[N]. 文汇报，2015-11-18（1）.
[②] 尹明亮. 建设"双一流"！未来山东将这样推进高校发展[EB/OL].（2019-04-28）. http://sd.ifeng.com/a/20190428/7412479_0.shtml.

定了明确的一流学科建设目标，如辽宁省在《统筹推进世界一流大学和一流学科建设实施方案》明确提出，到2020年，"5个学科达到世界一流水平，30个左右学科达到全国一流水平，50个左右学科形成为辽宁老工业基地新一轮全面振兴起到支撑作用的优势特色学科"；到2030年，"10个左右学科进入世界一流学科行列；50个左右学科达到全国一流水平；全省学科结构全面优化，与辽宁产业升级和技术改造的需求准确对接，在推进老工业基地振兴中发挥重要作用，全省高等教育核心竞争力明显提升"[1]。因此，河北省一流学科建设目标、领域、方向、任务的要求应力求精准：一是结合河北省整体学科布局促进一流学科类型的多样化，谋划一流学科建设布局，增加一流学科建设数量；二是根据ESI学科排名、全国第五轮学科评估的评价指标，明确提出一个具体的数量硬性指标；三是结合河北省现有优势学科的特色及实际情况，充分体现国家战略、区域特色，明确学科建设的目标、内容、特色，谋求具有河北特色的优势学科、新兴学科的发展。

（二）健全组织管理，建立省级层面的一流学科建设领导小组

调研发现，包括河北大学、燕山大学、河北工业大学等在内的河北省很多高校均成立了"双一流"建设领导小组及工作小组，来统一领导、研究和推进"双一流"建设实施工作，而在省级层面上，却一直缺乏有关一流学科建设的组织机构。相比之下，辽宁省专门成立一流大学和一流学科建设领导小组，负责顶层设计、宏观布局、统筹协调、经费投入等重要事项的决策。[2]因此，河北省应成立省级层面的一流学科建设领导小组或工作小组，来统筹全省一流学科建设工作，以加快推进一流学科建设进度。

二、优化一流学科布局，构建协同发展的学科生态系统

"双一流"战略强调学科建设既要特色鲜明，又要为区域社会发展服务。因此，河北省高校应该积极优化学科布局，根据自身特色和区域发展战略需要重点建设一流学科和学科群，主动对接地方主导产业，形成学科建设与产业发

---

[1] 辽宁省人民政府. 辽宁省人民政府关于印发辽宁省统筹推进世界一流大学和一流学科建设实施方案的通知[EB/OL]. （2017-01-03）. http://www.ln.gov.cn/zfxx/zfwj/szfwj/zfwj2011_111254/201701/t20170110_2674317.html.

[2] 商越. 辽宁省启动"双一流"大学建设[N]. 辽宁日报，2017-01-24（1）.

展之间互动协同的良性生态系统。

（一）控制一流学科总量，平衡不同学科的入选数量

从河北省 54 个一流学科的学科分布来看，自然科学共计 42 个，占比高达 77.8%；人文社会科学共计 12 个，占比仅为 22.2%，二者在数量上的差异十分明显。从具体学科名单来看，重复建设现象比较严重，如机械工程入选 4 次、化学工程与技术 3 次、材料科学与工程 2 次、电气工程 2 次、土木工程 2 次、生物学 2 次、中国语言文学 2 次、中国史 2 次、管理科学与工程 2 次。在竞争日益激烈的科技时代，向自然科学领域倾斜有一定合理性，一些关乎社会发展的关键学科入选数量多也有道理，但一些关乎社会、政治、经济、文化的人文社会科学领域的学科也不宜过少。因此，在河北省新一轮"双一流"建设中，建议对学科遴选标准和数量进行研究，既要平衡不同学科尤其是自然科学与人文社会科学之间的差距，又要做到同一学科不宜入选过多。唯有如此，才能集中有限资源对优势学科进行重点建设，使之脱颖而出。

（二）构建协同发展的学科生态系统

第一，做好学科规划，统筹学科发展。河北省高校应根据各校的一流大学和一流学科建设规划来统筹学科布局，以一流学科建设为抓手，做到优势学科做精做强、传统学科改造升级、新兴学科持续发展、弱势学科补足短板，促进学科系统良性运转。

第二，建设"高""培"结合学科体系，促进学科协同发展。河北省高校应立足区域优势资源，建设"高峰+高原+培育"的学科体系，促进学科协同发展。其一，以一流学科为"高峰"，借助其优势带动一批学科发展，形成"学科高原"。其二，借助区域资源培育特色学科群，实现一流学科与相关学科交叉融合、协同发展。其三，以学科群建设为依托，搭建高水平科研平台，承接重大项目。

第三，优势学科与地方主导特色产业双向互动。面对区域发展需求，河北省高校应主动将优势学科对接地方特色主导产业，转化科研成果。一方面，推动产业发展，促进地方经济增长；另一方面，地方经济增长后通过为学科提供资金支持，能提升其实力和知名度。

三、以优势学科和特色学科为突破点,实现学科内涵式发展

(一)加强团队建设,重点发展优势特色学科

第一,凸显学科特色,打造核心竞争力。充分发挥区域特色,整合学校资源,把特色学科打造为具有高竞争力的优势学科,并强化优势学科的辐射作用,使其成为其他学科发展为优势学科的动力源,以优势学科"点"的引领,带动优势学科群"面"的提升,从而形成优势学科发展的良性循环。

第二,高度重视高水平学科团队的建设。一是打造优势特色学科团队。学术团队是增强学科凝聚力、提高学术研究水平的重要举措。为引进高水平人才,各省份和高校采取了诸多措施,如山东省实施了"泰山学者优势特色学科人才团队支持计划",鼓励高校从海外、省外全职引进并稳定支持一支国际一流水平的领军人才团队[①];南昌大学花费8000万元引进熊仁根团队,打造分子铁电领域的创新平台[②];大连理工大学为推动法学学科建设,组建了宪法行政法、刑事法、民商经济法、国际法、社会法五大学术团队。河北省高校可借鉴它们的做法,以政策为抓手、以资金为推动、以组建团队为核心打造特色学科团队。二是培育一流学科带头人。一流学科带头人有利于一流学科的培育和学科竞争力的提高,如福建省发布了《关于实施高等学校高层次人才培养与引进工程的意见》,南京大学实施了"启动百名青年学科带头人培养计划"。河北省高层次人才少且流失现象严重,可在政策上制定"河北省优秀学科带头人培养办法",明确学科带头人的遴选要坚持学术能力和管理能力兼具、使命感和责任感并存的原则;在学科带头人的培养上,要及时制定人才培养和学科团队成员的职业发展规划,分阶段、分层次对学科团队成员进行培养,在政策及资金分配上,要对其适当倾斜,为其提供更多的锻炼机会;对学科带头人的考核要与学科的社会贡献、学科成长等挂钩。

第三,重视一流学科平台的建设。高水平科研创新平台是学科建设的重要载体,如河南师范大学以化学学科为依托,设置了10个省部级重点实验

---

① 李鲲鹏. 山东四高校引进泰山学者优势特色学科人才团队及领军人才[EB/OL]. (2015-07-09). http://www.eol.cn/shandong/shandongnews/201505/t20150507_1255984.shtml.

② 李小霞. 南昌大学"大手笔"引才,8000万引入熊仁根团队[EB/OL]. (2018-05-18). http://www.sohu.com/a/232098809_773043.

室、工程中心[①];湖北大学为促进生物学学科发展,打造了省部共建生物催化与酶工程国家重点实验室这一国家级平台[②]。河北省可采取以下措施:一是以河北省优势特色学科为依托,积极申报国家级重点实验室;二是在河北省内遴选出一批优势特色学科建立省级一流学科平台;三是政府要鼓励高校不断整合校内资源,通过增加专项经费投入、优化整合人才队伍、不断完善科研条件等方式,搭建高水平科研创新平台,形成独特的研究方向和研究特色,为申报国家重点实验室奠定良好基础;四是支持地方高校利用特色优势学科与企业或其他高校、研究机构开展合作,利用社会力量联合搭建创新平台。

(二)促进学科差异化发展

第一,明确学科发展的阶段性差异。学科发展具有周期性,不同阶段的学科发展诉求明显不同,需要的支持策略也不同。结合国家的政策导向与区域需求,河北省可以尝试实施以下几项措施:一是区分不同属性学科的支持机制,针对人文社会科学领域,适当延长学科评估周期,关注学科发展水平,重视对学术著作的考评;二是针对区域急需的工科领域,抓住国家"新工科"建设的机遇与导向,有侧重地选择学科并对其进行改造升级;三是完善学位点体系建设,河北省应充分发挥省级学位委员会在学位授权审核中的权力,统筹全省的学位点建设,立足区域需求动态调整优化;四是优化学科组织结构,打破传统院系间的组织壁垒,促进不同学科之间的对话交流,促进交叉学科、跨学科的发展。

第二,将区域优势资源作为学科差异化发展的借力点。一流学科的差异化发展需要寻找区域资源与学科建设之间的交集,如承德、张家口、廊坊、保定等地的旅游资源和绿色有机蔬菜较为丰富,这些地区的高校可适当发展旅游、作物学相关学科;秦皇岛、唐山、沧州作为港口城市,可以港口物流为重点推进相关产业的发展,重点发展物流管理相关学科;石家庄、衡水、邢台、邯郸作为农业基地和食品加工基地,可发展农业、食品加工等相关学科。

第三,发展类型多样的学科。河北省的一流学科主要集中在应用科学领域,人文社会科学、自然科学中的一流学科较少,面对这一现状,河北省政府

---

① 姜玉钦,刘起胜.强力推进优势学科建设,大力提升社会服务水平——河南师范大学化学学科建设实践[J].河南教育(高教版),2016(3):26-27.
② 湖北大学科学技术发展研究院.湖北大学省部共建生物催化与酶工程国家重点实验室获批建设[EB/OL].(2018-11-07).http://www.hubu.edu.cn/info/1316/29729.htm.

学位委员会办公室需要对学科进行分类指导，引导其错位发展，按照学校的传统优势与河北省产业结构调整的需要，努力构建"一流文科、高水平理科、有特色工科"的学科体系。其一，立足传统学科和优势学科，基于社会需求，不断积极调整和加强学科之间的交叉融合，培育新的学科增长点；其二，面对河北省一流学科同质化现象较为严重的这一现状，河北省政府学位委员办公室可通过政策引导、资金倾斜等举措建立合理的竞争机制，在化学、机械工程等学科开展试点，使之差异化、错位发展，进而形成各具特色的学科优势。

（三）提高学科社会服务贡献能力

2017年，全国第四轮学科评估在第三轮学科评估的基础上，将"学科声誉"一级指标调整为"社会服务与学科声誉"，增设了社会服务贡献二级指标，强化了学科的社会服务功能。2021年全国第五轮学科评估更进一步强化了学科的社会服务功能、贡献及社会影响。事实上，无论是河北省12所"双一流"建设高校的整体实力，还是河北省54个一流学科的核心竞争力，都还比较弱，最好的高校排名在100名左右，最好的学科评估排名仅为A−，离建设成为中国一流乃至世界一流还有很长一段距离。因此，河北省高校应基于自身实力和办学现状，明确"世界知名、中国一流、燕赵风格"的高水平大学办学目标，形成立足地方、服务地方的办学特色，构建优势学科建设与地方主导特色产业"双联动"的发展模式，并在服务中提升高校整体办学实力和学科核心竞争力。

学科评估作为推进"双一流"建设的重要抓手，应以《深化新时代教育评价改革总体方案》为指导思想，在河北省"双一流"评价指标中进一步凸显为国家发展战略和地方社会政治经济发展服务的鲜明导向。唯有如此，才能进一步推动学科的社会服务意识和能力。第一，确立服务导向，明确一流学科的目标定位。政府通过政策引导地方高校坚持一流学科服务地方经济社会发展的目标，确立"以服务求支撑、以贡献谋发展"的战略定位。第二，对接产业需求，调整学科结构。在学科建设过程中坚持以服务国家、区域为导向，形成学科+产业的协同发展模式。以地方优势带动特色学科发展的同时，借力学科优势反哺地方，构建学科、产业齐头并进，两方联动的高效益发展机制。第三，多举措促进科研成果转化，提升社会服务能力。科研成果转化是学科建设服务地方的重要体现，对此，河北省高校应采用多种方式促进科研成果转化，提高科研成果转化率，服务区域经济社会发展。例如，鼓励高校教师在企业中担任职位，加强高校与企业之间的联系；创新科研成果转化收益分配机制，鼓励教师、科研人员持有科研成果股权，按股权持有比例参与成果转化收益分红，提升教师和科研人员参与科研成果转化的积极性。

四、优化一流学科资源配置，推动学科良性发展

（一）加大资金投入

第一，扩大资金来源渠道。一流学科建设需要大量的资金支持，一是河北省政府争取中央政府、教育部的财政支持；二是引导高校积极参与社会服务，深化校地合作，提高科研成果转化率，吸纳社会、企业等的捐赠或投入。

第二，建立资金投入的动态调整机制。河北省可设立一流学科建设专项资金，并进行动态调整和差别化支持。例如，安徽省对世界一流学科建设的奖补标准为每个每年 1000 万元，对国内一流学科建设的奖补标准为每个每年 500 万元[1]；四川省一流学科建设资金实行竞争立项分配法，遵循开放竞争、中期评估、激励约束、动态调整的原则，以财政资金投入撬动一流学科差异化发展[2]。河北省可借鉴这些省份的做法，对评选为世界一流、国内一流、省内一流等不同层次的学科，与产业结构高度对接的学科给予不同程度的支持，同时也要关注未入选的其他优势特色学科，如果它们能在下一轮学科评选中入选，则可对其进行奖补。

（二）建立一流学科建设的有效管理体系

第一，探索学科特区运行模式，强化学科交叉融合。院系分化带来的隐形学科壁垒是导致学科群融合不充分的主要原因。因此，学科建设急需打破院系分化的状况，以优势学科（群）为中心组建特区，而非以院系为中心划分学科。其一，采用"N+X"的方式推进学科特区建设，即选择 N 个一流学科和 X 个候选优秀学科进入学科特区，以促进学科均衡发展。其二，学科特区实行

---

[1] 安徽省一流学科奖补资金项目名单出炉！12 所高校 25 个学科入选！[EB/OL]．（2017-06-07）．http://www.sohu.com/a/146889261_773043．

[2] 四川省财政厅，四川省教育厅．四川省高校"双一流"建设资金管理暂行办法[EB/OL]．（2017-08-02）．http://jhcwc.cdutcm.edu.cn/news/show-1040.html．

学科特区负责人责任制和灵活的学科团队组建方式，在学科规划、团队建设、财务管理、资源配置、设备采购、考核评价等方面具有高度自主，为优势特色学科超常规发展开辟"绿色通道"。其三，建立"破立并举"的评价改革机制，即破除"数论文、点项目、看帽子"的评审办法，树立"突出创新质量和服务贡献度"的导向，有效激发各学科的内生动力。

第二，建立科学合理的评价机制。其一，制定科学合理的考核办法。为加强一流学科建设绩效考核，浙江省出台了《浙江省一流学科建设绩效评估办法（试行）》，按照学科类别和学科大类进行分类分层评价，利用 ESI 学科排名 1‰、全国学科评估前 10%、学科自主培养两院院士等指标进行一流学科建设评价。[①]河北省可借鉴其经验，运用国家"双一流"评估要求、全国学科评估排名、ESI 学科排名等指标，组织开展一流学科的量化评估。其二，积极引进第三方机构参与评估和监督。上海市委托第三方评价机构参与学科建设全过程，在学术成果方面制定了观测监控指标，通过与国际顶尖标杆学校的比较和对学科自身绝对动态发展的客观分析，对各一流学科建设绩效进行实时监测，对于建设绩效明显的学科，则继续加大对其的建设经费和项目激励，对于建设成效不明显、停滞不前的学科，则将其退出程序。[②]河北省可借鉴其经验，委托社会团体、教育评估中介等第三方评价机构参加一流学科建设，建立一流学科建设绩效动态监测机制，构建基于绩效、周期评估、有进有出的资源配置方式。

[①] 浙江省教育厅. 浙江省教育厅办公室关于印发《浙江省一流学科建设绩效评估办法（试行）的通知》[EB/OL].（2017-11-20）. http://yjs.hznu.edu.cn/c/2020-04-24/2370879.shtml.

[②] 董少校. 上海将动态监测一流学科建设[N]. 中国教育报，2014-02-19（3）.

第六章
河北省一流大学师资队伍建设的问题与对策
——以河北省 4 所"双一流"建设一层次高校为例

一流大学的发展离不开一流的师资队伍。国务院发布的《统筹推进世界一流大学和一流学科建设总体方案》明确提出了"双一流"建设的五大任务,其中,"建设一流师资队伍"位于五大建设任务之首,是"双一流"建设的基础和关键。对于河北省来说,师资队伍建设不仅是河北省一流大学"安身立命"的关键,还是其提高学术竞争力和扩大声誉度的重要支撑点。[①]本章以河北省 4 所一层次高校为例,在系统梳理 4 所高校师资队伍建设现状和问题的基础上,提出师资队伍建设的对策,以期深入推进河北省"双一流"建设。

第一节 河北省一流大学师资队伍建设的现状分析

衡量高校师资队伍建设现状的关键在于数量和质量。本节主要以全国高校教学基本状态数据库为数据来源,以 2019 年 3 月 20 日为检索时间节点,

---

① 孙刚成,贺列列. 基于世界大学排名面板数据的中外一流大学师资比较[J]. 黑龙江高教研究,2018(2): 46-52.

从数量、结构、培训进修情况等方面来分析河北省 4 所一层次高校的师资队伍建设现状。

一、四所大学师资队伍数量分析[①]

(一) 师资队伍构成情况

高校的师资队伍主要包括专任教师和外聘教师，专任教师是高校师资队伍的主体，充足的专任教师是保障高校教学和科研稳定运行的关键，而一定数量的外聘教师可以提高大学学术交流的活跃度。合理的外聘教师比例是衡量高校师资队伍质量的指标之一，外聘教师比例过小不利于高校与外界专家学者的交流，外聘教师比例过大则从一定程度上说明高校专任师资数量不充足。

从整体情况来看，河北省普通高等学校共有教师 51 834 人，其中专任教师 40 905 人，占 78.92%；外聘教师 10 929 人，占 21.08%。4 所一层次高校共有专任教师 6410 人，占 4 所一层次高校教师总数的 82.51%；外聘教师 1359 人，占 4 所一层次高校教师总数的 17.49%，低于全省外聘教师平均比例，其中燕山大学的外聘教师比例最高，为 21.43%，高于全省平均水平。具体如表 6-1 所示。

表 6-1 河北省及 4 所一层次高校的专任教师和外聘教师数量及比例

项目	高校性质	教师总数	专任教师 人数	占比（%）	外聘教师 人数	占比（%）
河北省	不分类	51 834	40 905	78.92	10 929	21.08
河北大学	综合类	2284	1902	83.27	382	16.73
燕山大学	理工类	2011	1580	78.57	431	21.43
河北工业大学	理工类	1781	1465	82.26	316	17.74
河北师范大学	师范类	1693	1463	86.41	230	13.59

(二) 生师比

生师比是折合在校学生数量与专任教师数量的比例，与高校教学质量和

[①] 除特殊说明外，本小节中的数据源自笔者于 2019 年 3 月 20 日对全国高校教学基本状态数据库检索得到的数据。

办学效益息息相关。生师比过高虽然有利于扩大办学规模、提高办学效益，但师资数量不足，意味着教师要承担更多的教学任务，难以保证教学质量。因此，合理的生师比是保障教学质量的关键。教育部颁发的《普通高等学校基本办学条件指标（试行）》规定，本科高校合格的生师比为18[①]，国际常用的生师比为14[②]。

从整体情况来看，河北省普通高校折合在校生为925 744.80人，生师比为22.63，远未达到教育部规定的基本要求。如表6-2所示，4所一层次高校的折合在校生共有131 795.8人，生师比为20.56，虽低于全省平均水平，但仍不符合教育部规定的基本要求。4所高校中，只有河北大学的生师比（18.64）基本符合教育部规定的基本要求，但与国际生师比常用标准相比，仍有较大的差距。

表6-2 河北省及4所一层次高校的生师比情况

项目	高校类型	专任教师	折合在校生	生师比
河北省	不分类	40 905	925 744.80	22.63
河北大学	综合类	1902	35 446.80	18.64
燕山大学	理工类	1580	33 498.40	21.20
河北工业大学	理工类	1465	29 905.50	20.41
河北师范大学	师范类	1463	32 945.10	22.52

二、4所一层次高校师资队伍结构分析

（一）学历结构

学历水平是衡量大学教师学术知识基础和科研能力水平的重要指标之一，它能从一定程度上预测教师的教学水平、科研能力和发展前景。学历结构是指拥有不同学历的教师的数量及占比情况，是师资队伍素质的重要体现。一般来说，高校师资队伍中拥有高学历教师的比例越高，说明高校师资队伍的实力越强、质量越高。

---

① 《普通高等学校基本办学条件指标（试行）》明确规定，不同类型高校的生师比的合格标准不一样。本科高校中，生师比为18的有3类（综合、师范、民族院校，工科、农、林院校，语文、财经、政法院校），生师比为16的有1类（医学院校），生师比为11的有2类（体育院校，艺术院校）。详见：教育部. 教育部关于印发《普通高等学校基本办学条件指标（试行）》的通知[EB/OL]. （2004-02-06）. http://www.moe.gov.cn/srcsite/A03/s7050/200402/t20040206_180515.html.

② 马万华. 扩招后高等学校教学质量状况分析[J]. 高等教育研究，2002（5）：69-74.

如表 6-3 所示，截止到 2019 年 3 月，河北省高校共有专任教师 40 905 人，其中具有博士学位的教师占 24.99%，具有硕士学位的教师占 57.11%，总体来说，具有博士学位的教师比例偏低。具体来看，4 所一层次高校具有博士学位的教师共有 3267 人，占 4 所一层次高校专任教师总数的 50.97%，其中占比最高的是河北工业大学，为 61.23%；其次分别是燕山大学，为 59.43%；再次是河北大学，为 48.21%；最低的是河北师范大学，为 35.13%。虽然 4 所一层次高校具有博士学位的教师比例高于全省平均水平，但与我国其他"双一流"大学相比，如北京大学（88%）、清华大学（86%）、浙江大学（83.6%）[①]，仍然具有较大差距。

表 6-3　河北省及 4 所一层次高校的专任教师学历结构

项目	专任教师	博士 人数	博士 占比（%）	硕士 人数	硕士 占比（%）	学士 人数	学士 占比（%）
河北省	40 905	10 223	24.99	23 361	57.11	6385	15.61
河北大学	1902	917	48.21	790	41.54	177	9.31
燕山大学	1580	939	59.43	522	33.04	116	7.34
河北工业大学	1465	897	61.23	437	29.83	131	8.94
河北师范大学	1463	514	35.13	733	50.10	199	13.60

（二）职称结构

职称结构反映的是师资队伍中拥有不同职称的教师的比例情况，是衡量高校师资队伍整体素质的重要指标。我国高校师资职称结构主要有金字塔形、倒金字塔形、椭圆形、凹形四类。研究型大学师资职称结构一般为倒金字塔形，即正高级、副高级、中级及以下教师的占比逐层递减。[②]

如表 6-4 所示，河北省共有专任教师 40 905 人，其中拥有高级职称的教师比例达到 50.45%，高于 2016 年的全国平均比例 42.20%[③]，其中正高级、副高级、中级及以下教师的比例分别为 16.20%、28.53%、44.67%，分布状态为金字塔形。在 4 所一层次高校中，河北大学、燕山大学、河北师范大学的师

---

① 王利爽，阳荣威. "双一流"建设背景下"C9 联盟"高校师资队伍及结构调查研究[J]. 大学教育科学，2017（6）：32-37.

② 王冀宗，吴兰平. 高校教师职称结构分析：以不同类型高校为分析样本[J]. 中国电力教育，2011（35）：47-48，65.

③ 中华人民共和国国家统计局. 中国统计年鉴（2017）[EB/OL]. （2017-10-13）. http://www.stats.gov.cn/tjsj/ndsj/2017/indexch.htm.

资职称结构分布为椭圆形，河北工业大学为金字塔形。可见，4所一层次高校的师资职称结构与"双一流"大学相比还有一定差距。

表6-4 河北省及4所一层次高校的专任教师职称结构

项目	专任教师	高级职称 人数	占比（%）	正高级 人数	占比（%）	副高级 人数	占比（%）	中级及以下 人数	占比（%）
河北省	40 905	20 636	50.45	6627	16.20	11 671	28.53	18 272	44.67
河北大学	1902	1226	64.46	459	24.13	681	35.80	613	32.22
燕山大学	1580	1084	68.61	453	28.67	612	38.73	491	31.07
河北工业大学	1465	838	57.20	326	22.25	435	29.69	627	42.77
河北师范大学	1463	954	65.21	349	23.86	569	38.89	507	34.65

（三）年龄结构

年龄结构是衡量高校师资创造力和活力的重要指标，教师在不同年龄阶段的知识储备和创新能力也存在差别。一般来说，教师的最佳年龄区为36—55岁，一定比例的中青年教师能给高校注入创造力和活力，而46—55岁这一年龄阶段的教师则凭借丰厚的知识储备、长期的教学和科研经验积累而处于创造科研成果的最佳时期，因此高校应保持合理的教师年龄结构。

如表6-5所示，从河北省的整体情况来看，以36—45岁的中青年教师为主，占比为40.99%；46—55岁的教师占比较小，为26.84%。4所一层次高校中，除了河北师范大学外，其他3所高校均是36—45岁的中青年教师占比最高，平均比例为44.99%，其中，河北大学和河北工业大学该年龄阶段的教师占比较高，接近一半。

表6-5 河北省及4所一层次高校的专任教师年龄结构

项目	专任教师	35岁及以下 人数	占比（%）	36—45岁 人数	占比（%）	46—55岁 人数	占比（%）	56岁及以上 人数	占比（%）
河北省	40 905	11 288	27.60	16 767	40.99	10 980	26.84	2 154	5.27
河北大学	1902	334	17.56	932	49.00	548	28.81	88	4.63
燕山大学	1580	327	20.70	684	43.29	438	27.72	131	8.29
河北工业大学	1465	267	18.19	712	48.60	405	27.65	81	5.53
河北师范大学	1463	184	12.58	556	38.00	598	40.87	125	8.54

(四) 实验师资结构

随着高等教育内涵式发展,大学生实践能力和创新精神的培养成为高校人才培养的目标之一,实验师资承担着高校大部分的实验实践教学任务,决定着实验实践教学的质量和水平。

从表 6-6 来看,4 所一层次高校的实验师资数量严重不足,其中燕山大学的实验师资数量最多,为 252 人,占专任教师的 15.95%;河北师范大学的实验师资数量最少,仅 84 人,占专任教师的 5.74%。4 所一层次高校的实验师资数量共有 666 人,从学历结构来看,357 人拥有硕士学位,所占比例高达 53.60%,86 人拥有博士学位,所占比例仅为 12.91%;从职称结构来看,255 人拥有副高级职称,所占比例为 38.29%,10 人拥有正高级职称,仅占 1.50%,占比偏低。

表 6-6　河北省 4 所一层次高校的实验师资数量、高职称结构和高学历结构

学校名称	总人数	正高级 人数	正高级 占比(%)	副高级 人数	副高级 占比(%)	硕士学位 人数	硕士学位 占比(%)	博士学位 人数	博士学位 占比(%)
河北大学	162	1	0.62	51	31.48	94	58.02	3	1.85
燕山大学	252	4	1.59	99	39.29	151	59.92	38	15.08
河北工业大学	168	3	1.79	60	35.71	81	48.21	30	17.86
河北师范大学	84	2	2.38	45	53.57	31	36.90	15	17.86

(五) 高层次人才数量及比例

一流大学的发展需要高层次人才的支撑。高层次人才作为高校教学和科研的领军人物,特别是在"双一流"建设背景下,对于高校的发展具有至关重要的作用。数据统计结果显示,截止到 2019 年 3 月,河北省高校共有高层次人才 1858 人,4 所一层次高校的高层次人才共计 501 人(国家级高层次人才 99 人,省级高层次人才 402 人),占河北省高层次人才总数的 26.96%,超过 1/4。由此可见,4 所一层次高校拥有的高层次人才数量与河北省其他高校相比具有一定优势,但以省级高层次人才为主,国家级高层次人才较少。如表 6-7 所示,4 所一层次高校中,高层次人才占专任教师总数的比例过低,比例最高的是河北工业大学,仅为 10.58%,河北大学更是低至 4.57%;仅以国家级高层次人才所占比例来看,燕山大学占比最高,为 2.47%,河北大学仅为

0.84%，与清华大学（18.76%）、中国科学技术大学（17.66%）[①]等国内"双一流"大学相比仍有较大差距。

表6-7 河北省4所一层次高校的高层次人才数量及比例

学校名称	国家级	省级	总数	占专任教师比例（%）
河北大学	16	71	87	4.57
燕山大学	39	128	167	10.57
河北工业大学	25	130	155	10.58
河北师范大学	19	73	92	6.28

三、4所一层次高校教师培训进修与学术交流情况分析

在"双一流"建设背景下，高校为教师提供更多的发展平台和机会尤为关键。培训进修与学术交流不仅能提升高校教师的知识素质和创新能力，也能促进教师队伍整体素质的提高，因此，教师培训进修与学术交流情况是衡量高校师资质量的重要因素。如表6-8所示，从整体情况来看，河北省高校教师发展的主要方式是培训进修，且境内培训进修次数远远高于境外培训进修次数，境内学术交流次数也远远高于境外学术交流次数，攻读博士学位的人数远远高于攻读硕士学位的人数。在4所一层次高校中，在教师培训进修方面，燕山大学与河北工业大学的表现较好；在学术交流方面，河北大学与河北工业大学的表现较好，尤其是境外学术交流表现良好；在攻读学位层次方面，攻读博士学位的教师人数占比高达95.95%，以河北大学和河北师范大学的人数最多。

表6-8 河北省及4所一层次高校的教师培训进修与学术交流情况　　单位：次

项目	培训进修 境内	培训进修 境外	攻读学位 博士	攻读学位 硕士	学术交流 境内	学术交流 境外
河北省	17 024	531	715	240	1 119	257
河北大学	253	14	64	2	28	87
燕山大学	2 632	101	16	2	51	11
河北工业大学	1 429	43	35	2	18	46
河北师范大学	166	44	52	0	4	12

---

① 清华大学、中国科学技术大学的比例均是国家级高层次人才所占比例，不包括省级人才。详见：王利爽，阳荣威. "双一流"建设背景下"C9联盟"高校师资队伍及结构调查研究[J]. 大学教育科学，2017（6）：32-37.

第二节 河北省一流大学师资队伍建设存在的问题

一、专任教师数量不足，生师比过高

充足的专任教师数量、合理的生师比是保障高校教学质量的关键。4所一层次高校共有专任教师6410人，折合在校生总人数为131 795.8人，生师比高达20.56，远远超出教育部规定的合格标准。如前所述，4所一层次高校中，仅河北大学的生师比基本达到合格标准，与厦门大学（16.4[①]）和天津大学（15.8[②]）等"双一流"大学的生师比相比有较大差距。可见，目前4所一层次高校的专任教师数量不足，存在生师比过高的情况。这不仅会加重教师的工作负担，导致教师没有充足的时间和精力进行教学和科研工作，而且意味着不少课程会采用大班授课方式，不能满足学生的个性化发展需求，进而影响人才培养质量，阻碍4所一层次高校"双一流"建设的步伐。

二、师资队伍结构不合理

（一）拥有博士学位的教师比例偏低

一流的师资是"双一流"建设的重要支撑力量。近年来，随着河北省高等教育的快速发展，河北省高校师资的学历水平得到整体快速提升，但学历结构仍有待进一步优化。根据前文数据可知，4所一层次高校中拥有博士学位的专任教师比例虽远高于河北省的平均水平，但与天津大学（84.2%[③]）、厦门大学（78.38%[④]）等国内"双一流"大学相比仍然偏低。由此来看，4所一层次

[①] 厦门大学教务处. 厦门大学 2017—2018 学年本科教学质量报告[EB/OL]. （2019-01-08）. http://jwc.xmu.edu.cn/2019/0108/c2186a361242/page.htm.

[②] 天津大学教务处. 天津大学 2017—2018 学年本科教学质量报告[EB/OL]. （2019-01-10）. http://www.docin.com/p-2175296270.html.

[③] 天津大学教务处. 天津大学 2017—2018 学年本科教学质量报告[EB/OL]. （2019-01-10）. http://www.docin.com/p-2175296270.html.

[④] 厦门大学教务处. 厦门大学 2017—2018 学年本科教学质量报告[EB/OL]. （2019-01-08）. http://jwc.xmu.edu.cn/2019/0108/c2186a361242/page.htm.

高校以及河北省高校的整体师资队伍学历水平偏低，低学历教师占比较大，成为制约河北省高校"双一流"建设的短板。

（二）专任教师的职称结构和年龄结构不够合理

从职称结构来看，4所一层次高校专任教师职称结构呈椭圆形和金字塔形，并未出现倒金字塔形结构的高校，并且具有正高级职称的教师比例偏低，仅为24.67%，与南京大学（45.05%）、清华大学（39.63%）[1]等国内"双一流"大学相比还存在较大差距。从年龄结构来看，36—55岁是教师的最佳年龄段，4所一层次高校该年龄阶段专任教师的占比较高，整体年龄结构比较合理，其中，36—45岁的中青年教师占比远高于46—55岁的教师。这一情况既有利也有弊，虽然36—45岁的中青年教师更有创新活力，但是相比较而言，46—55岁的教师由于知识和能力的积累更易产出科研成果。由此可见，4所一层次高校专任教师的职称结构和年龄结构有待进一步优化。

（三）实验师资数量不足、水平偏低

"双一流"建设需要高水平的实验室平台，而一流的实验师资队伍是支撑实验室平台建设的重要保障，是高校教学和科研的重要力量。[2]随着"双一流"建设的深入推进，河北省高校实验师资队伍建设水平有所提升，但仍不能满足"双一流"建设的需求。

从数据统计情况可以看出，第一，4所一层次高校的实验师资数量严重不足，仅占专任教师的10.39%，比例偏低，不能满足"双一流"建设对实验师资日益增长的需求。此外，4所一层次高校由于办学类型的差异，实验师资队伍数量存在明显差距，燕山大学和河北师范大学相差3倍。第二，4所一层次高校实验师资队伍整体层次偏低，以硕士学位为主，仅有12.91%的教师拥有博士学位，且具有正高级职称的教师仅占1.50%，实验师资队伍的整体素质有待进一步提高。这些问题不仅制约着高水平实验室的建设和高质量科研成果的产出，而且影响着实验教学的开展和实验教学质量的提升。

---

[1] 王利爽，阳荣威. "双一流"建设背景下"C9联盟"高校师资队伍及结构调查研究[J]. 大学教育科学，2017（6）：32-37.

[2] 金仁东，柯红岩，顾聪. "双一流"视角下高校实验技术队伍建设探究[J]. 实验技术与管理，2018（6）：1-4.

（四）高层次人才缺乏

高层次人才对河北省"双一流"建设具有重要支撑和引领作用，但从数据统计来看，4 所一层次高校的高层次人才处于严重匮乏状态。[①]4 所一层次高校的高层次人才共计 501 人，仅占专任教师总数的 7.82%，并且多为省级高层次人才，国家级高层次人才偏少，与"双一流"大学相比，存在显著差距。另外，4 所一层次高校的高层次人才数量存在分布不均衡现象，燕山大学和河北工业大学的高层次人才远多于河北大学和河北师范大学。"双一流"建设实施以来，河北省及各高校积极出台相关政策吸引高层次人才，如河北省先后出台了《关于深化人才发展体制机制改革的实施意见》《河北省鼓励柔性引才暂行办法》等，通过多种方式加大了引才、留才力度，但也存在着一些问题。例如，从政策颁布时间来看，人才引进政策出台较晚，具有一定的滞后性；从政策数量来看，人才引进的相关政策较少；从政策内容来看，各高校人才引进政策主要侧重于人才认定的标准、人才引进程序以及人才待遇方面，很少提及人才培养、管理和评价激励机制，而且与周边的北京、天津地区相比并无明显优势。

三、教师发展平台较窄，不能满足现实需求

高校教师发展不仅关乎教师个人的成长和发展，还对高校教学质量和办学水平有重要影响，因此，教师必须不断提升自身素质，才能更好地进行教学科研工作。[②]梳理国内"双一流"大学教师队伍建设经验发现，国内一流大学普遍重视教师发展平台建设，为教师提供丰富多元的培训进修和学术交流机会。[③]因此，为教师提供丰富的培训进修和学术交流机会是高校教师队伍建设的关键一环。从 4 所一层次高校教师培训进修和学术交流情况的统计数据来看，4 所一层次高校教师的发展机会较少，主要以境内培训进修和学术交流为主，境外培训进修和学术交流的机会极少，这不仅不利于教师开展国际交流扩

---

① 陈燕，任超，汪启思，等. "双一流"建设背景下学科师资队伍评价探究[J]. 学位与研究生教育，2017（10）：55-58.

② 魏红，赵彬. 我国高校教师发展中心的现状分析与未来展望——基于 69 所高校教师发展中心工作报告文本的研究[J]. 中国高教研究，2017（7）：94-99.

③ 吴薇，刘璐璐. "双一流"建设背景下研究型大学师资队伍建设的现状与对策——基于 16 所"985"高校师资队伍基本状态数据的分析[J]. 中国高等教育评论，2018（1）：209-226.

宽学术视野，而且远不能满足"双一流"建设对教师素质和能力的要求。

第三节 河北省一流大学师资队伍建设的有效对策

高校师资队伍建设是"双一流"建设的核心。河北省政府及各高校应紧紧抓住"双一流"建设这一机遇，将人力资源作为最重要的投入，形成吸引人才、稳定人才、激励人才和发展人才的良好氛围，促进师资队伍建设的整体优化，加快推动河北省"双一流"建设进程。

一、完善师资队伍建设的顶层设计，做好整体规划

河北省政府应以"双一流"建设的政策方针为引领，召开关于河北省师资队伍建设的研讨会议，征集各方意见，明确"双一流"建设高校的办学目标和特色优势，制定符合各高校自身发展需求的师资队伍建设整体规划。以顶层设计引领河北省"双一流"建设，以整体规划阐释一流师资队伍建设路径，促进河北高校师资水平协调提升，为河北省"双一流"建设提供强有力的师资支撑。

二、优化人才引进政策，改善师资队伍结构

河北省各高校应根据本省地域特色和自身需求制定人才招聘政策，既应有"引进人才"的优惠政策，也应有相关的配套政策来"留住人才"，同时结合自身学科建设的定位和特点，着重考察所招聘人才的技能以及其与招聘研究方向之间的契合度。通过"引进人才"与"留住人才"相结合的方式，高校一方面可以增加专任教师数量，使生师比保持在合理的范围内，避免教师负担过重，保障教师有充足的时间和精力进行教学和科研工作；另一方面可以优化师

资队伍结构，通过优秀人才的引进，使师资队伍逐步形成高学历化，年龄结构、职称结构、实验师资结构合理化的趋势。

三、加大高层次人才引进和培养力度，打造一流学术梯队

河北省各高校应采取为高层次人才创造科研条件、提供科研支持、满足住房需求等一系列举措，来吸引他们扎根河北，同时也应不断改善办学条件，提高硬实力和软实力，逐步缩小与北京、天津等地高校的差距，增强河北省高校对高层次人才的吸引力。河北省高校在积极引进高层次人才的同时，也应注重对本校人才的培养，为本校优秀教师提供更多的进修学习机会，为他们走向世界、参与国际学术竞争创造更有利的条件。[①]通过引进和培养高层次人才，打造高稳定性、强凝聚力的学术梯队，助推河北省高校"双一流"建设。

四、拓宽教师发展平台，提高师资综合素质

高校教师承担着人才培养、科学研究的重任，必须通过各种各样的培训、进修、交流，提高自身综合素质，树立终身学习的理念。河北省高校应建立健全师资培养机制，拓宽教师发展平台，加大对教师发展专项资金的投入力度，定期组织培训活动，根据教师的发展需求和自身发展阶段进行有计划、有针对性的培训。例如，为青年教师提供更多的培训进修、攻读学位以及交流机会，组织优秀青年教师赴海外交流学习，促使其教学、科研能力及综合素质得到全面提高。[②]

---

① 王小力，彭正霞. C9 高校青年高层次人才引进问题与对策研究[J]. 高等教育研究，2017（6）：32-39.

② 程建华，荣文婷，赵琳. 高校教师发展与综合素质能力培训机制研究[J]. 黑龙江高教研究，2017（1）：94-96.

第三编　学科维度：高等教育研究与河北省"双一流"建设

高等教育研究一直在我国高等教育改革与发展中发挥着积极推动作用。党的十九大报告提出要"优先发展教育事业","加快一流大学和一流学科建设,实现高等教育内涵式发展",同时还要求"加快构建中国特色哲学社会科学,加强中国特色新型智库建设"。面对新时代赋予高等教育的新要求,高等教育研究担负着更重大的使命。因此,高等教育研究需要进一步加强智库建设、提升研究水平、增强服务能力,为我国实现高教强省、高教强国以及高等教育内涵式发展发挥更大的作用。

　　目前,河北省正面临从高教大省向高教强省转变的一系列重大挑战,急需高等教育研究提供智力支持。本编包括两部分:其一,在详细调研河北省高等教育研究现状、剖析河北省高等教育研究中存在问题的基础上,提出提升河北省高等教育研究水平的对策建议。其二,以获得河北省主要领导肯定性批示的一份咨询报告为例,展现高等教育研究在"双一流"建设中的咨政作用和积极影响。

第七章
河北省高等教育研究的现状分析与提升策略

高等教育研究机构作为从事高等教育研究的主要机构，一直在我国高等教育改革发展中发挥着积极推动作用。党的十九大报告指出，要"优先发展教育事业"，"加快一流大学和一流学科建设，实现高等教育内涵式发展"，同时还要求"加快构建中国特色哲学社会科学，加强中国特色新型智库建设"。面对新时代赋予高等教育的新要求，高等教育研究担负着更重大的使命。对于河北省高等教育改革发展来说，高等教育研究机构充分发挥高等教育研究的优势和作用显得尤为重要和迫切。目前，河北省正面临从高教大省向高教强省转变的一系列重大挑战，如优质高等教育资源缺乏、"双一流"遴选失利等，都需要高等教育研究提供高质量的决策咨询服务。然而，河北省开展新型智库试点单位建设但无教育类智库的尴尬现状、《河北省教育科学研究"十三五"规划纲要》要求大力提高教育科研水平和服务能力的殷切期望[1]，都充分反映出河北省高等教育改革发展急需高等教育研究提供智力支持。因此，本章在详细调研河北省高等教育研究现状、剖析河北省高等教育研究中存在的问题的基础上，借鉴先进省份的成功做法，提出了提升河北省高等教育研究水平的对策建议，以期为河北省高等教育改革和高等教育内涵式发展提供借鉴。

---

[1] 河北省教育厅. 河北省教育科学研究"十三五"规划纲要[Z]. 2016-12-26.

第一节 河北省高等教育研究存在的问题

本节主要从研究主体（研究机构、研究队伍）、研究成果（研究内容、成果转化）两个维度四个指标来了解河北省高等教育研究的现状，重点分析其中存在的问题，主要表现在以下四方面。

一、高等教育研究机构数量少、建设力度较小

（一）高等教育研究机构数量少、研究实力偏弱

笔者对河北省高等教育研究机构设置及发展情况进行问卷调查和个别访谈后发现：第一，河北省高等教育研究机构数量少。截至 2017 年 3 月，河北省高等教育研究机构共 39 个，占全省高校数量（121 所）的 30.4%[1]，与辽宁省的 72.4%相比有较大差距[2]，说明河北省大多数高校未设置高等教育研究机构，也未很好地贯彻《教育部办公厅关于进一步加强高等教育研究机构建设的意见》的精神。第二，河北省高等教育研究机构主要从事行政性事务，科学研究实力偏弱。设置类型在一定程度上可以反映研究机构的主要职能和发展定位。从设置类型来看，独立设置的学术研究机构有 2 个，下设或挂靠于某一学院的研究机构有 1 个，独立设置的行政兼学术研究机构有 21 个，下设或挂靠教务处、发展规划处等部门的研究机构有 8 个，不详的有 7 个，分别占河北省高等教育研究机构总数的 5.1%、2.6%、53.8%、20.6%和 17.9%。由此可知，偏应用型的高等教育研究机构有 29 个，占比高达 74.4%，该类机构主要负责行政性事务，人员以行政工作人员为主，专职研究人员较少，无精力也无能力从事较深入的理论研究和高水平的咨询研究工作。第三，高等教育研究队伍规模较小、结构不合理。从研究队伍规模来看，河北省高等教育研究机构共有专职研究人员 64 人，兼职研究人员 151 人，与辽宁、上海、北京等地相比，人数悬殊，如辽宁省高等教育研究机构早在 2013 年就有 406 人（专职研

---

[1] 笔者利用河北省高等教育学会秘书处的便利条件，于 2017 年 3 月对河北省各高校内设高等教育研究机构情况进行了调查。

[2] 孙照辉，宋芳. 辽宁省高等教育研究机构发展情况报告[R]. 沈阳：辽宁教育决策报告，2013-08-28.

究人员245人）①。从河北省高等教育研究机构人员的学历结构（博士88人、硕士94人、本科32人、大专1人）和职称结构（高级职称159人、中级职称51人、初级职称5人）来看，高学历人数较少，且职称结构不合理。可见，河北省高等教育研究机构研究队伍规模小，专职研究人员少，尚未形成一支人员稳定、专兼职结合、强有力的研究队伍，再加上大多数高等教育研究机构建设力度不够、发展定位不清楚，难以吸引更多研究人员和搭建高水平科研平台，最终影响了高等教育研究机构整体作用的发挥。第四，高等教育研究机构依托的高等教育学学位点数量少。有无学位点尤其是有无高等教育学学位点，是反映高等教育研究机构的研究水平、人才培养和队伍建设的关键因素。河北省只有河北大学（博士点）、河北师范大学（硕士点）、河北科技大学（硕士点）3个高等教育学学位点，在全国排第20位②，排名比较靠后。

（二）高等教育研究机构受重视程度不够、建设力度较小

从高等教育研究机构整体建设情况来看，根据中国高等教育学会第五届全国优秀高等教育研究机构评选结果，河北省共5个机构获奖，总获奖次数11次，分别占全国的2.5%、2.7%，在全国排第18名③，排名较为靠后。与河北省相比，江苏、广东、浙江、北京、湖北、辽宁等高等教育发达省份的高等教育研究机构建设成效良好，反映出这些省份比较重视高等教育研究。另外，从研究机构的参评数量、积极程度来看，以第五届（2017年）评选为例，江苏省共上报14个、10个获奖④，四川省上报11个、6个获奖⑤，陕西省上报6个、5个获奖⑥，与之相比，河北省仅上报2个、1个获奖⑦。由此可知，河北省高等教育研究机构建设水平较低，既与高等教育实力有关，也与高等教育研

---

① 孙照辉，宋芳. 辽宁省高等教育研究机构发展情况报告[R]. 沈阳：辽宁教育决策报告，2013-08-28.
② 根据我国各高校2021年研究生招生目录进行数据统计所得。
③ 根据中国高等教育学会第五届全国优秀高等教育研究机构评选结果进行数据统计所得。
④ 江苏省高等教育学会. 关于公布江苏省第四届优秀高等教育研究机构的通知[EB/OL]. （2017-11-28）. http://www.jsgjxh.cn/newsview/12151.
⑤ 西南石油大学发展规划处. 高教研究室荣获全省优秀高等教育研究机构称号[EB/OL]. （2017-12-07）. http://www.swpu.edu.cn/fzghc/info/1292/3090.htm.
⑥ 陕西省高等教育学会. 陕西省高等教育学会关于推选中国高等教育学会第五届全国优秀高等教育研究机构结果的公示[EB/OL]. （2017-06-01）. http://sxgjxh.nwu.edu.cn/info/1046/1408.htm；中国高等教育学会. 关于公布中国高等教育学会第五届全国优秀高等教育研究机构评选结果的通知[EB/OL]. （2017-11-01）. http://sxgjxh.nwu.edu.cn/info/1046/1402.htm.
⑦ 笔者对河北省高等教育学会秘书处进行访谈所得到。

究实力有关，进而反映出河北省在高等教育研究价值认识、重视程度和成效发挥等方面存在明显不足，正是因为河北省各高校对高等教育研究价值及作用不重视乃至不认可，以及对机构建设重视不够，才致使高等教育研究机构在参评时缺乏自信、积极性不强，导致最终获奖数量较少。

二、高等教育研究实力整体较弱

（一）承担的高等教育研究课题数量少、级别较低

对 2007—2017 年全国教育科学规划课题（高等教育类）进行数据统计，如表 7-1 所示，河北省共承担课题 43 项，仅占全国总数的 2.56%，在全国排第 14 名，名次比较靠后，与北京（218 项）、湖南（146 项）、湖北（134 项）、江苏（133 项）等高等教育研究强省相比有较大差距。43 项课题中，以部级课题（26 项教育部重点课题和教育部青年规划课题）为主，国家级课题（17 项国家一般课题和国家青年课题）较少，无国家重点课题，反映出河北省高等教育研究机构承担的课题级别较低。

表 7-1 2007—2017 年各省份承担全国教育科学规划课题（高等教育类）的数量情况

序号	省份	数量（项）	占比（%）	序号	省份	数量（项）	占比（%）
1	北京	218	12.98	17	安徽	38	2.26
2	湖南	146	8.70	18	江西	36	2.14
3	湖北	134	7.98	19	广西	24	1.43
4	江苏	133	7.92	20	四川	23	1.37
5	浙江	118	7.03	21	黑龙江	21	1.25
6	广东	105	6.25	22	云南	20	1.19
7	上海	105	6.25	23	山西	18	1.07
8	山东	84	5.00	24	新疆	16	0.95
9	辽宁	66	3.93	25	甘肃	12	0.71
10	福建	55	3.28	26	西藏	10	0.60
11	天津	51	3.04	27	内蒙古	8	0.48
12	吉林	50	2.98	28	贵州	5	0.30
13	河南	46	2.74	29	青海	5	0.30
14	河北	43	2.56	30	海南	4	0.24
15	陕西	42	2.50	31	宁夏	4	0.24
16	重庆	39	2.32				

资料来源：根据全国教育科学规划领导小组办公室网站公布的 2007—2017 年全国教育科学规划年度立项课题中的信息进行数据统计所得。详见：全国教育科学规划领导小组办公室. 立项数据[EB/OL]. （2020-02-06）. http://onsgep.moe.edu.cn/edoas2/website7/level2.jsp?infoid=1335260046576122

(二)高等教育研究机构发文数量较少且呈现波动下降趋势

对 2007—2017 年 18 家高等教育类核心期刊载文数据进行统计,如表 7-2 所示,河北省共发文 429 篇,占总发文量的 1.04%,在全国排第 20 名;而北京、江苏、浙江、湖北、广东、上海、黑龙江、湖南等 8 省份的发文量在 2000 篇以上(13 个省份发文量在 1000 篇以上),可以看出,河北省与这些省份相比还有较大差距,但同时意味着也有较大提升空间。另外,从历时性角度来看,河北省年度发文量呈波动下降趋势,占全国年度发文量的比例也逐年下降,由此进一步揭露出河北省高等教育研究生产力弱、竞争力不强的现实。

表 7-2 2007—2017 年 18 家高等教育类核心期刊载文数据情况

序号	省份	数量(篇)	占比(%)	序号	省份	数量(篇)	占比(%)
1	北京	6735	16.35	17	天津	704	1.71
2	江苏	5944	14.43	18	安徽	684	1.66
3	浙江	3963	9.62	19	江西	523	1.27
4	湖北	3044	7.39	20	河北	429	1.04
5	广东	2621	6.36	21	广西	372	0.90
6	上海	2571	6.24	22	甘肃	307	0.75
7	黑龙江	2102	5.10	23	山西	243	0.59
8	湖南	2012	4.89	24	云南	237	0.58
9	辽宁	1472	3.57	25	贵州	116	0.28
10	福建	1225	2.97	26	新疆	91	0.22
11	陕西	1140	2.77	27	内蒙古	82	0.20
12	吉林	1015	2.46	28	海南	41	0.10
13	山东	1004	2.44	29	宁夏	21	0.05
14	四川	908	2.20	30	西藏	15	0.04
15	重庆	807	1.96	31	青海	10	0.02
16	河南	745	1.81				

资料来源:笔者根据 18 家高等教育类核心期刊载文作者的信息进行数据统计所得

(三)研究力量分散

第一,对河北省的 43 项全国教育科学规划课题(高等教育类)的承担单位进行统计发现,河北大学承担了 18 项、河北师范大学和河北经贸大学各承担了 4 项、石家庄学院承担了 3 项、燕山大学和唐山职业技术学院各承担了 2 项、其他 10 所高校各承担了 1 项,呈现出研究力量分散但河北大学优势突出的局面。第二,对河北省高等教育研究机构在 2007—2017 年发表的 429 篇期刊论文的作者基本信息进行统计发现,年龄以 31—50 岁为主(67.3%);职称以高级职称为主（64.3%）；学历以博士和硕士为主（72.5%）；作者身份呈现多元化，教育行政管理人员（44.5%，以高校校级领导、高校行政部门领导、高校二级院系领导为主）、教学科研人员（26.6%）、信息不详者（22.4%）高居前三位；学科背景呈现多样化特点，信息不详（38.7%）、其他文科背景（36.8%）、教育学（21.0%）排前三位；大部分作者仅发文1篇，未形成核心作者群；从作者合作类型来看，合著率虽为57.93%，但以两人合作为主，合作者主要来自同一单位中的同事或师生，真正的跨二级单位合作或跨一级单位合作的较少，揭露出合作形式单一、合作深度不够等问题。由此可知，河北省高等教育研究存在力量分散、专职研究人员较少、无核心研究团队、拥有教育学背景人员所占比例虽高但不占优势等问题，说明河北省高等教育研究虽呈现多学科特点，但既无相对优势明确的研究领域，也无大规模、深层次的跨学科合作研究，严重制约了研究力量的汇聚和研究系统性的提升。

三、高等教育研究主题与河北省高等教育改革发展需求联系不紧密

（一）关注河北省高等教育改革发展的研究较少且不深入

基于429篇论文梳理河北省高等教育研究主题发现，这些论文主要集中于高校课程与教学（32.9%）、高校教师与学生（17.9%）、国际与比较高等教育（12.1%）等领域，涉及河北省高等教育发展战略、高等教育结构与规模等内容的研究极少，即便有，大多也是在领导讲话稿的基础上整理而成的，揭露出2007—2017年河北省高等教育研究主题与高等教育改革发展需求联系不紧密的现实。与论文作者主要是高校校级领导、高校行政部门领导、非教育院系教学科研人员相照应，大多数研究都是作者以工作实践需要和个人兴趣为导向，围绕"我做什么工作，我写什么论文"开展的相关研究，以工作经验总结为主，虽然反映的研究主题具有较强的时效性和针对性，但对涉及河北省高等教育改革全局性、战略性、系统性和理论性的研究的关注不够且缺乏持续性。

（二）研究方法较单一，研究结论缺乏可靠的实证依据

统计结果表明，大多数研究以定性研究为主（68.6%）、定量研究为辅（31.4%），与目前教育实证研究方法占主流的现实有一定差距。虽然近几年实

证研究有所增加，但增加比例不大，大规模、协同性、持续性的实证研究更是缺乏。因为大多数研究者是以工作需要和个人兴趣开展研究的非教育院系的非专职研究人员，他们不但缺乏系统扎实的研究方法训练，而且受本职工作任务、职称晋升、绩效考核等的影响，习惯用耗时短、投入精力少的定性研究方法，不擅长、不愿意也无力进行耗费大量时间和精力的实证研究，更喜欢基于自己的工作经验进行思考和总结，极少围绕河北省高等教育发展的现状和问题进行选题和调研，最终所开展的高等教育研究的水平和质量均较低，无法为河北省高等教育改革发展提供有效的参考价值。

四、研究成果未得到合理有效的转化

（一）服务河北省高等教育改革发展的研究成果较少

高等教育研究作为一项实践性、应用性极强的研究，能否服务于高等教育改革发展实践，一是看研究选题是否有针对性，二是看研究方法是否包含实地调研，三是看研究结论是否具有合理性和可行性。[①]以此为标准，则河北省高等教育研究选题缺乏鲜明的实践导向和问题导向；研究方法以经验总结为主，缺乏可靠的数据调查；研究主题分散，缺乏持续性。由此可知，围绕河北省高等教育改革发展现实问题的研究较少，且缺乏深度，从全局性、战略性视角产出的河北省高等教育改革实践的重大研究成果更是少见。

（二）研究成果转化渠道不畅通、转化激励机制不健全

第一，研究成果转化渠道不畅通。目前河北省只有河北省哲学社会科学工作办公室的《河北智库报告》、河北省社会科学基金项目的《省社科基金项目成果专报》以及河北省社会科学院的《智库成果专报》等少数几个直报省委省政府领导的内部专件，省教育厅既无直接对省委省政府的咨询报告投递渠道，也无面向广大教育研究工作者的接收渠道，导致最新的研究成果不能及时、便捷地转化成咨询建议，从而无法有效地为河北省教育改革决策提供智力支持。第二，研究成果转化激励机制不健全。虽然河北省通过多种形式对高等教育研究成果进行奖励和激励，但也存在不少问题。一是奖项太少。河北省社会科学基金项目优秀成果

[①] 孟彦，洪成文. 首都高等教育研究的现状与特点——基于1995—2014年论文发表的数据分析[J]. 中国高等教育，2015（7）：46-51.

奖未包括国家社会科学基金教育学单列学科，与其他省份相比，缺乏省高校人文社会科学研究优秀成果奖等。二是奖项影响力不足、奖励力度不够。例如，河北省高等教育学会的优秀高等教育科研成果奖以荣誉性为主，未纳入政府奖项范围，在很多高校的职称晋升、年度考核中均不被认可；河北省教育科学研究优秀成果奖自1996年来只进行了两次评选，评奖时间间隔长、奖项级别（厅局级）较低。三是奖励的导向性较弱，没有面向全体研究人员尤其是高等教育研究人员公开。这些问题严重影响了教育研究者的积极性和创新性。

（三）缺乏研究成果发布与交流平台

专门的网站、学术期刊和学术会议是宣传、推广、交流和分享高等教育研究成果的有效载体，本应得到高度重视和积极建设，但目前河北省在这方面还比较薄弱。第一，在专门网站方面，河北省教育科学研究所和河北省高等教育学会的网站主要发布行政事务内容和一些教育改革信息，不但内容单调、研究性文章较少、服务导向弱，而且更新较慢，与广东省教育研究院、辽宁教育研究院、江苏省高等教育学会等的网站建设相比，差距较大。第二，在专门学术期刊方面，河北省高等教育学会虽先后创办了内部刊物《河北高教研究》《高教动态》，但由于受重视程度不够、缺乏专职人员、未公开发行等原因，无法吸引高质量稿源，严重影响了刊物的生存和发展而被迫停刊。第三，在学术会议和各种交流会议方面，与辽宁省高等教育学会、江苏省高等教育学会、广东省高等教育学会在组织年度会议、专题研讨会、重大课题交流会、中青年学者会议等方面有许多很好的做法相比，河北省教育厅、河北省教育科学研究所、河北省高等教育学会等主要负责单位不但举办会议次数少，而且形式单一，既不能很好地对河北省高等教育中的重大问题进行学术研讨，也不能有效地整合各种研究力量进行协同攻关，严重影响了河北省高等教育研究水平的提升。

第二节　河北省高等教育研究水平有效提升的对策建议

河北省高等教育研究机构要想进一步提升研究水平和服务能力，为河北省高等教育内涵式发展和高教强省建设发挥智囊作用，需要各级领导在充分认识和重视高等教育研究价值和作用的前提下，在智库建设和实践研究方面予以加强和突破。

一、加强高等教育研究机构建设，形成多层次、多类型的结构布局

（一）将"河北省教育科学研究所"更名为"河北省教育科学研究院"，突出"科研立院"导向

"所改院"是适应新时代要求，加强河北省教育智库建设的重要举措。河北省教育科学研究所应以"所改院"为契机，充分发挥直属教育厅的组织优势，依托省教育科学规划领导小组办公室的行政优势和资源配置优势，对内设机构进行系统改革，进一步加大学术研究力度，以努力提升学术影响力和社会服务能力，积极推动河北省教育科学研究所向教育智库转型，为河北省教育改革发展提供智力支持和智囊参谋作用。

（二）进一步加强河北省高等教育学会建设

与其他省份高等教育学会相比，河北省高等教育学会的作用未得到充分发挥，原因与其设置密切相关。河北省高等教育学会由河北省教育厅与河北大学共建，办公地址和秘书处设在河北大学，不但在支持力度和经费投入上较难得到河北省教育厅的有力保障，而且各项工作与河北省教育厅的联系也不密切；另外，河北省高等教育学会得到的河北大学的支持较少，再加上未充分利用河北大学教育学院强大的专业优势，从而导致河北省高等教育学会在组织和引领全省高等教育研究工作方面缺乏足够的权威和影响。要想更好地发挥其作用，有两种可行思路供选择：其一，更改河北省高等教育学会的隶属关系，使其直属于河北省教育厅或挂靠于河北省教育科学研究所，进一步加强与河北省教育厅之间的对接，加大对其的政策和资金支持力度，努力扩大其行政权力和资源配置优势，充分发挥其组织领导和专业引领作用。其二，隶属关系保持不变，在河北省教育厅加强重视和投入的同时，河北大学也要加大对其的重视程度和支持力度，如教育学院增加与其的协同合作，充分发挥教育学院尤其是高等教育学专业的学科优势和人员优势。此外，还可

以积极借鉴西北大学、济南大学、重庆文理学院（陕西省、山东省、重庆市的高等教育学会秘书处分别设在这三所高校）的先进经验，希冀河北大学在加大政策和资金支持力度、增加专职岗位编制、组建相关研究团队、创办高等教育类期刊等方面做出积极改进。

（三）遴选并重点建设 3—5 个省级高等教育新型智库

一方面，虽然目前河北省有多种形式的省级人文社会科学重点研究机构（河北省新型智库建设试点单位、河北省哲学社会科学研究基地、河北省高等学校人文社会科学重点研究基地、河北省"2011 协同创新中心"等），但教育类的不但数量少，而且在学术咨政、社会服务方面发挥的作用十分有限，远远不能满足河北省高等教育改革发展的需求。另一方面，河北科技大学高等教育研究所、燕山大学高等教育发展研究中心、河北科技师范学院职业教育研究院等机构在服务河北省高等教育发展、凝练研究特色等方面具有一定优势，需得到更高层面的支持，从而进一步扩大其影响。因此，河北省应积极借鉴辽宁省"教育决策支撑体系建设工程"（包括教育决策咨询研究基地或省教育科学规划重点研究基地、教育决策咨询研究团队、重大决策咨询课题等）[①]、吉林省"吉林省高等教育研究基地"等建设举措，通过重点建设来进一步提升相关机构的高等教育研究水平和教育决策咨询服务能力。

（四）河北省教育厅应要求并督促各高校领导高度重视和加强高等教育研究机构建设

高校内部决策制度的日益科学化，迫切需要高等教育研究机构提供决策咨询服务和智力支持，这必然要求高校领导高度重视高等教育研究的作用，大力加强高等教育研究机构建设，尤其是建立高校直属的高等教育研究机构，通过设置专职研究岗位、增加研究人员编制、组建相关研究团队、加强学科建设等举措，特别是提升高等教育研究机构在高校组织中的权力和地位，强化其在资源配置中的作用，唯有如此，才能提升高等教育研究机构的研究水平和参与高校改革发展的服务能力。除个别具有较强科研实力的高等教育研究机构以建设省级智库为目标外，大多数高等教育研究机构应积极向院校研究机构转型，

---

① 辽宁省教育厅. 辽宁省教育厅关于实施"教育决策支撑体系建设工程"的意见[EB/OL].（2011-10-21）. http://m.law-lib.com/law/law_view.asp?id=453711&page=1.

在发展规划、教师发展、学情调查、课程设置等方面为学校发展服务，并在提供服务的过程中获得重视和支持，充分体现"以有为求有位""以贡献求支持"的建设思路。

二、以实践导向和问题导向设立专项课题，促进研究成果的有效转化

（一）重视并设立专项课题

其一，围绕河北省高等教育改革发展中的重大问题，设立河北省教育厅重大决策咨询课题、委托课题或招标课题，在河北省社会科学基金中设立高等教育研究专项课题，充分发挥课题的依托功能和培育作用，通过组织化、制度化、团队协作的方式，整合分散的研究力量组建专门研究团队、加强跨学科多部门的协同合作、提升研究的系统性和持续性。专项课题要求承担者必须提供一到多篇高水平决策咨询报告。其二，河北省高等教育学会应继续做好该学会相关课题的申报、管理与结题工作，对关注河北省高等教育发展实践问题的研究课题予以一定资金支持，以提高研究成果的质量。

（二）建立便捷的教育研究成果转化渠道

为畅通教育研究成果转化与应用渠道，促进教育决策科学化和提高教育管理水平，建议河北省教育科学研究所创办内部资政刊物《教育决策参考》，面向全省广大教育研究者征集优秀咨询建议，并直接向河北省委省政府和省教育厅投递，无需经过其他部门的中转。一是各类课题的研究成果如被采用并获得有关领导批示，该课题可申请免于鉴定；二是非课题的研究成果如被采用，将被追加为委托课题或得到一定的奖励。为能及时、便捷地将具有一定参考价值的咨询建议直接呈送给相关领导并发挥积极作用，应成立《教育决策参考》办公室，设置专职人员进行管理，通过专门网站或邮箱在线接收稿件，还应及时将得到采用或领导批示的咨询建议在网站上进行展示，以促进研究成果的分享与传播，充分发挥其服务决策、指导实践、引导舆论的积极作用。

（三）加大对优秀研究成果的奖励和宣传推广力度

为更好地发挥教育科学研究优秀成果服务教育决策、推动教育实践的作

用，应积极采取多种形式对优秀研究成果、课题或研究者进行奖励和宣传推广。奖励作为一种引导性激励政策，不仅仅是简单的"你做好，我奖励"，而是要发挥其引导性，让更多的研究人员关注河北省高等教育改革发展最急需的课题，对长期从事河北省高等教育重大现实问题的学者或团队、应用于河北省高等教育改革或各个高校改革实践且取得重大实际效益的研究成果进行奖励和激励。[①]一是增加河北省教育科学研究优秀成果奖的评选频次，提高奖励级别。积极借鉴其他先进省份的丰富经验，每两年组织一次河北省教育科学研究优秀成果评选活动并提升其获奖级别，虽然《河北省教育科学研究"十三五"规划纲要》提出每两年进行一次评选，可截至目前仍无消息，应尽快落实。二是在河北省社会科学基金项目优秀成果奖中增加国家社会科学基金单列项目（包括教育学、艺术学等），以提高省级政府奖对教育学的重视程度。三是把河北省高等教育学会优秀高等教育科研成果奖纳入政府奖项，提升到厅局级级别，使其在研究者的各种评审和考核中得到认可。四是积极借鉴中国高等教育学会"从事高教 30 年高教研究有重要贡献学者"、江苏省高等教育学会"江苏高教 30 年重要影响人物"等先进做法，开展"河北省高等教育研究重要贡献学者或优秀团队"、"新中国成立 70 周年河北高教重要影响人物"（对河北省高等教育改革发展做出过重大贡献并产生广泛社会影响的人士，如政策制定者、创新实践者、理论开创者、教书育人楷模等）等评选活动。

三、加强学术交流与平台建设，提升研究水平和服务能力

（一）发挥河北省高等教育学会的引领作用，加强省内高等教育研究机构间的合作

北京、江苏、浙江、辽宁、四川等省份的高等教育研究机构的申报数量较多、获奖数量较多，说明这些省份的高等教育研究机构建设成效较好，既与高等教育研究机构重视自身建设紧密相关，也与这些省份高等教育学会的组织管理、专业引领有关。例如，江苏省高等教育学会、辽宁省高等教育学会、四川省高等教育学会在组织学术会议、课题研究、合作交流、整合研究力量、培

---

① 孟彦，洪成文. 首都高等教育研究的现状与特点——基于 1995—2014 年论文发表的数据分析[J]. 中国高等教育，2015（7）：46-51.

养后备人才、评优评奖等方面做出了一系列改革举措，有效推进了这些省份高等教育研究机构建设和高等教育研究水平提升。再如，由北京教育科学研究院高等教育科学研究所牵头、11 个高等教育研究机构参与的首都高等教育重点研究机构联盟连续 11 年举办联盟会议，四川省高等教育学会组织的四川省高校高教研究机构负责人工作联系会议自 2012 年起每年召开，广州大学高等教育研究所、深圳大学高等教育研究所、汕头大学高等教育科学研究所自发组建的广东省地方高校高等教育研究机构协作组已召开四届学术年会，它们通过搭建高等教育研究机构之间交流经验、探索思路、加强合作的研讨平台，在促进高等教育研究机构加强自身建设、更好地发挥高等教育研究机构的职能作用、为学校改革发展作出更大贡献方面发挥了积极作用。与之相比，河北省高等教育学会的作用发挥得不够充分、省内高等教育研究机构交流较少，这就需要积极借鉴优秀省份的先进经验，充分发挥河北省高等教育学会的组织协调、专业引领作用，通过经验交流、学术研讨、课题合作、资源共享等多种形式加强省内高等教育研究机构之间的交流合作，提升省内高等教育研究机构的整体建设水平。

（二）重办《河北高教研究》

《河北高教研究》应以"立足河北，面向中西部，辐射全国"为宗旨，搭建河北省高等教育研究成果展示的重要平台，以此加强河北省高等教育研究、服务河北省高等教育改革发展。《河北高教研究》应由河北省教育厅主管、河北省高等教育学会主办，重点关注河北省以及中西部高等教育发展，聚焦河北省高等教育改革发展、雄安新区高等教育建设、京津冀高等教育协同创新、中西部高等教育振兴等研究领域。为了尽快提升《河北高教研究》的稿源质量、办刊水平和学术影响力，还应积极借鉴近几年影响力迅速提升的《高校教育管理》《重庆高教研究》《山东高等教育》等新创刊的先进经验，在主办单位加大经费投入、组建一定规模的专业化编辑队伍、与知名专家定期约稿、大力扶持青年学者、以丰厚稿费吸引优质稿源、及时围绕教育热点组稿专题研究等方面积极建设。

（三）加强相关专业网站和微信公众号建设

河北省教育科学研究所和河北省高等教育学会网站的主题较少、内容单调、更新慢,未体现出教育性、研究性、政策性、时事性、服务性等特点,未充分发挥其创新理论、指导实践、服务决策、引导舆论等作用。为此,应积极借鉴北京教育科研网(北京教育科学研究院)、上海市教育科学研究院、辽宁教育科研网(辽宁教育研究院)、河南教育科研网(河南省教育科学研究院)、吉林省教育科学院、江苏省教育科学规划领导小组办公室、江苏省高等教育网(江苏省高等教育学会)、重庆市高等教育学会、陕西省高等教育学会等网站以及广东教育研究院等微信公众号的建设经验,进一步明确专业网站的定位和特色,通过加大资金支持力度、增设专职工作人员等举措来推进网站和微信公众号建设。

(四)采取形式多样的有效举措,深入推进高等教育研究

其一,举办"新中国成立 70 周年河北省教育科研成就展"。为全面展示河北省各级各类教育科研(尤其是高等教育研究)取得的辉煌成就,举办多种活动来梳理成绩、总结经验、展望未来,如"新中国成立 70 周年河北省教育科研成就展",并在河北省教育科学研究所网站设置专栏予以宣传。其二,积极开展河北省高等教育研究机构调查工作。该项工作不但有利于增加河北省教育厅对各所高校高等教育研究机构建设现状的了解和督导,而且有利于为遴选、管理和考核河北省高等教育智库提供可靠依据。其三,通过定期召开河北高教论坛、建立河北省高等教育研究联盟、成立河北省院校研究学会、搭建河北省高等教育大数据平台、发布河北省高等教育发展报告等举措[①],并适时由河北省教育厅和相关研究机构联合成立共建共管的河北高等教育研究院,开展各种交流活动和打造研究平台,进一步整合分散的研究力量,加强省内高等教育研究合作,形成稳定的优势研究领域,从而有效提升研究水平和影响力,为深入推动河北省高等教育改革发展提供智囊作用。

---

① 张海生,蔡宗模,吴朝平,等. 西部高等教育振兴:问题与对策——"首届西部高教论坛"会议综述[J]. 重庆高教研究, 2018(3):35-43.

第八章
高等教育研究发挥决策咨询作用的典型案例

——抓住"双一流"建设中存在的问题 推动河北省高等教育内涵式发展[①]

目前,河北省优质高等教育资源稀缺,不但与新中国成立初期河北省的高等教育水平有一定差距,而且与当前其他省份的高等教育水平相比,也缺乏竞争力。在"211工程"、"985工程"、国家重点学科等历次国家重点建设项目遴选中,河北省的表现均不理想。国务院于2015年10月出台的《统筹世界一流大学和一流学科建设总体方案》,为河北省高校提供了新的发展机遇,让河北省政府看到了改变优质高等教育资源稀缺现状的希望。面对"双一流"战略的时代机遇、河北省高教强省战略的推进以及京津冀协同发展战略的教育需求,河北省政府反应迅速,希望在国家"双一流"建设中不再缺席且尽力表现良好,于2016年5月出台《河北省人民政府关于统筹推进一流大学和一流学科建设的意见》并付诸实施。然而,在2017年9月发布的《教育部 财政部 国家发展改革委关于公布世界一流大学和一流学科建设高校及建设学科名单的通知》中,河北省仅河北工业大学的电气工程入选"双一流"建设学科名单,且在全国排名靠后。这既与河北省优质高等教育资源

[①] 本章是在咨询报告《扭住"双一流"建设中存在问题 实现我省高等教育内涵式发展对策研究》的基础上稍作修改完成的。该报告最初刊登在了《河北智库报告》2017年第40期上,得到了时任河北省副省长徐建培和河北省委常委、宣传部长田向利的肯定性批示,充分发挥了高等教育研究的咨政作用,是高等教育研究在河北省"双一流"建设中发挥积极作用的最好佐证。

稀缺有关，也与河北省在"双一流"建设中存在的问题有关。在详细比较河北省与其他省份"双一流"建设方案及实施策略的基础上，客观分析河北省推进"双一流"建设中存在的问题，进而提出合理可行的对策建议，以期通过积极改革和不断创新高等教育发展模式，深入推进"双一流"建设，努力早日实现高教强省的目标。

第一节　河北省推进"双一流"建设存在的主要问题

一、"双一流"建设目标提法笼统，指向性不明确

国务院于 2015 年 10 月出台《统筹世界一流大学和一流学科建设总体方案》后，河北省于 2016 年 5 月就出台了《河北省人民政府关于统筹推进一流大学和一流学科建设的意见》并付诸实施，但从提出的建设总体目标来看，存在表述内容不够明确、阶段性目标不具体、总体目标过于理想化等问题。

（一）表述含糊，缺乏可操作性

"一批学科进入国家一流学科行列，个别学科进入世界一流学科行列""若干所大学进入国家一流大学行列"的表述中，"一批""个别""若干"等既没有明确数字且无所指，难以对一些高校或学科发挥积极引领作用，不利于"双一流"建设的深入推进。与之相比，辽宁省"双一流"建设目标相对具体、明确且可操作性强，诸如"到 2020 年，大连理工大学、东北大学学科建设水平进一步提升，综合办学实力和国际影响力明显增强，为冲击世界一流大学打下坚实基础；5 所省属高校进入全国高水平大学行列；5 个学科达到世界一流水平，30 个左右学科达到全国一流水平。到 2030 年，大连理工大学、东北大学进入世界一流大学行列；2 所省属高校达到全国一流水平；10 个左右学

科进入世界一流学科行列；50个左右学科达到全国一流水平。到本世纪中叶，若干所高校在全国同层次、同类型高校中处于领先地位。一批学科进入世界一流学科行列，若干个学科进入世界一流学科前列，一大批学科达到全国一流水平。"①

（二）建设目标较理想化，与实际办学水平相脱节

河北省"双一流"建设的阶段性目标和总体目标分别是"到2030年，若干所大学进入国家一流大学行列""到本世纪中叶，有高等学校达到或接近世界一流大学水平"，这一高远目标虽然有利于激发高校参与"双一流"建设的积极性，但与河北省现有高水平大学实力不强相脱节，不太符合河北省高等教育发展现状，有点儿好高骛远。相对来说，江西省提出"到2030年，力争有1所大学成为世界500强大学，3—5所大学进入国内一流大学行列"②的目标更清晰、可行性更强。

二、优质高等教育资源匮乏，建设力度较小

从高水平大学、高水平科研平台和高层次人才等指标来看，河北省优质高等教育资源匮乏。一是高水平大学数量排名靠后，河北省无"985工程"高校和教育部直属高校，仅有一所"211工程"高校。二是高水平科研平台较少，国家重点实验室、国家重点学科的数量在全国排名靠后，其中一级学科1个，占全国的0.37%；二级学科5个，占全国的0.74%；培育学科3个，占全国的1.38%。三是高层次人才缺乏且流失严重。2013—2017年，各省份六类高层次人才入选数量统计显示，河北省的这六类高层次人才数量为11人，在全国排第24名，如表8-1所示。"十一五"期间，河北省5所骨干大学人才流失445人③，人才流失趋势近年来进一步加剧。

---

① 辽宁省人民政府. 辽宁省统筹推进世界一流大学和一流学科建设实施方案[EB/OL]. （2017-01-03）. http://www.ln.gov.cn/zwgkx/lnsrmzfgb/2017/qk/d4q/szfwj/201702/t20170223_2795689.html.
② 江西省人民政府. 江西省有特色高水平大学和一流学科专业建设实施方案[EB/OL]. （2017-05-19）. http://xdzx.xyc.edu.cn/index.php?c=show&id=227&s=news.
③ 何军, 李金霞, 韩瑞军. "十一五"期间河北省高校人才流失现状研究[J]. 河北经贸大学学报（综合版）, 2012（3）: 101-104.

表 8-1　2013—2017 年各省份六类高层次人才入选数量统计情况

序号	省份	中国科学院院士	中国工程院院士	长江特聘教授	国家杰青	青年千人	国家优青	总计
1	北京	60	56	222	355	546	619	1858
2	上海	12	9	93	143	395	257	909
3	江苏	6	6	69	79	228	194	582
4	广东	1	6	30	48	221	113	419
5	湖北	6	4	56	56	184	107	413
6	浙江	4	3	26	40	159	109	341
7	安徽	5	4	5	42	112	91	259
8	陕西	3	2	54	30	83	71	243
9	四川	2	1	38	23	109	51	224
10	天津	0	0	25	28	67	61	181
11	辽宁	2	6	22	31	52	58	171
12	山东	2	4	11	24	40	46	127
13	福建	2	0	10	16	64	31	123
14	湖南	2	8	12	16	32	39	109
15	黑龙江	1	1	24	13	19	35	93
16	吉林	2	3	13	10	15	29	72
17	重庆	0	0	12	13	22	11	58
18	甘肃	2	1	7	6	10	29	55
19	云南	0	0	2	6	12	14	34
20	山西	0	1	2	2	1	11	17
21	贵州	0	1	2	4	5	2	14
22	河南	0	2	3	0	4	4	13
23	江西	0	0	2	4	3	4	13
24	河北	0	1	2	1	2	5	11
25	新疆	0	0	6	1	0	2	10
26	广西	0	0	4	1	1	2	8
27	西藏	0	1	4	0	0	0	5
28	海南	0	0	1	0	2	1	4
29	内蒙古	0	0	1	0	0	2	3
30	青海	0	0	3	0	0	0	3
31	宁夏	0	0	0	0	0	0	0

资料来源：笔者根据高等教育数据研究第三方机构青塔网中的相关数据整理统计得出

　　面对优质高等教育资源稀缺这一现状，河北省虽然高度重视"双一流"建设，并给予大力支持，但依然存在不容忽视的问题。一是整体引进力度小。首先，河北省"双一流"政策文件中对此未有明确涉及。比较发现，广东、福建等省份的"双一流"政策文件均强调引进港澳台地区优质高等教育资源；辽宁省强调和俄罗斯、日本、韩国开展高水平国际合作项目。由此可见，河北省未对引进优质高等教育资源提起足够重视。其次，河北省虽提出"积极探索与京津地区高水平大学开展合作办学、联合攻关、人员交流、联合培养、资源共建共享等多种形式的合作"[1]，但规模小、力度不大、进展缓慢，与广东、山东等省份相比，仍有很大差距。"南深圳、北青岛"已成为吸引优质高等教育资源的典型代表，其成功经验和做法值得河北省借鉴学习。二是人才引进培育力度小、体制不完善。首先，河北省"双一流"政策文件虽明确提出积极引进高层次人才及其创新团队，但没有明确引进力度、无具体支持举措。而江苏省在 2016 年出台的《江苏高水平大学建设方案》中明确提出，按照"高端引进、全职聘任、创新机制、营造环境"的思路，实施江苏特聘教授计划；到 2020 年，选聘 600 名左右特聘教授。在 2021 年出台的《江苏高水平大学建设方案（2021—2025 年）》中指出，继续实施江苏特聘教授计划，"选聘在本领域国际学术界具有较大影响的海内外人才，加快带动领军人才队伍和学术创新团队建设，着力构筑高校人才高地"。其次，河北省"双一流"政策文件未涉及高水平科研平台建设，无法有效集聚高层次人才。与之相比，北京市实施了《北京高等学校高精尖创新中心建设计划》，重点建设一批高精尖创新中心，打造科技特区和人才特区；上海市通过实施高峰学科和高原学科形成学科团队，为引进和培育高水平师资提供了良好平台。

三、经费投入较少，分配不合理

部分省份的"双一流"政策文件均明确提出加大经费支持力度，与此相比，河北省对"双一流"建设的经费投入仍存在一些问题。一是经费投入较少。虽与以往对重点建设项目的投入资金相比，河北省对"双一流"的经费投入有大幅增加，但与其他省份相比仍有较大差距，仅稍高于西部省份。这既与河北省 GDP 排名全国第 8 的身份不符[2]，也没有体现出河北省政府借"双一流"建设的契机迫切提高优质高等教育资源实力、取得跨越式发展的决心和力度。二是存在"摊大饼"现象。部分高校与相关行政部门之间存在多方博弈，致使河北省"双一流"经费在正式下拨之前，经费分配数量与分配原则发生多次调整，暴露出经费分配中存在利益均沾的不合理现象，与"双一流"的重点

---

[1] 河北省人民政府办公厅. 河北省人民政府关于统筹推进一流大学和一流学科建设的意见[EB/OL].（2016-05-23）. http://cxxd.tsgzy.edu.cn/col/1509448334514/2016/05/23/1509703847150.html.
[2] 差距如此之大，2017 中国各省市 GDP 详细数据及排名分析[EB/OL].（2018-01-27）. http://www.sohu.com/a/219270344_100110525.

资助、分类支持的原则有所冲突。

四、各部门分工不够明确，保障机制不够健全

(一) 职责不明确、分工略显模糊

河北省"双一流"建设方案虽涉及相关部门的分工，但只是笼统提及"省教育体制改革领导小组负责宏观规划""日常工作由省教育厅承担""省教育厅、省财政厅、省发改委负责财政投入、资金管理和绩效评价"等，此类描述不但涉及部门较少，而且未对各部门权责作出明确指示，容易在"双一流"建设过程中出现各部门相互推诿、责任不到位等问题。与之相比，广东、重庆、湖北等省份在"双一流"建设方案中对各部门的责任分工有明确陈述，如广东省不仅从建设主体、工作程序、评估考核三方面对"双一流"建设提出具体、严谨的组织领导办法，而且将各部门工作责任明确落实在政策文件中，涉及部门达 15 个[①]，分工明确，组织性强；重庆市对科教体制改革专项小组、市科学技术委员会、市机构编制委员会办公室、市发展和改革委员会、市经济和信息化委员会、市财政局、各区县等都做出详细分工，职责明确，促使它们相互协调，共同推动"双一流"建设。

(二) 保障机制不健全

一是高校办学自主权较弱。河北省"双一流"建设方案中未提及扩大高校办学自主权，河北省教育厅等 5 部门联合印发的《关于深化高等教育领域简政放权放管结合优化服务改革的实施意见》文件中，对政府简政放权、给予高校更大办学自主权的规定不够具体和深入。与之相比，湖北省明确提出了进行扩大高校、院系办学自主权改革试点工作，并对高校扩大自主权范围进行明确界定。二是高校分类不合理。河北省"双一流"建设虽分为一层次高校和二层次高校、世界一流学科和国家一流学科，但与其他省份相比，仍略显模糊、相对单一、过于机械，不利于高校明确办学方向、强化办学特色，而山东、安徽、湖南等省份从社会职能方面对高校进行分类，辽宁省从对接产业需要方面进行分类，相对明确。三是缺少前后有效衔接的相关配套政策。安徽、江苏、河南、辽宁等省份不但出

[①] 中共广东省委办公厅. 中共广东省委 广东省人民政府关于建设高水平大学的意见[EB/OL]. (2015-04-10). http://portal.smu.edu.cn/zyyxy/info/1115/2701.htm.

台"双一流"实施方案、奖补办法、绩效管理办法等相关配套方案,而且在制定配套政策时强调与以往教育政策相衔接,值得河北省借鉴。

第二节 河北省推进"双一流"建设的对策建议

一、加大对一层次高校的支持力度,努力创建"国内一流、世界知名、办学特色鲜明"的高水平研究型大学

内部培育与外部引进并举是可供选择的重要思路。

第一,重点加强河北省高校内涵式发展。一是采取重点资助、扶强扶优、分类指导、加强绩效评估等形式,大力支持4所一层次高校的发展,进一步提升其综合实力和办学水平;二是以石家庄、保定、秦皇岛为中心,组建区域优质高等教育资源共享联盟,利用区域优势和新技术优势推动优质高等教育资源的共享共建。

第二,把河北大学纳入教育部直属高校行列。继续向教育部等相关部门建议和呼吁,进一步加大国家对河北大学的支持力度,提高其待遇和地位。

第三,重建唐山交通大学。以重建唐山交通大学为契机不断创新河北省高等教育发展模式。首先,重建唐山交通大学的可行性,包括以下几方面:唐山交通大学办学历史悠久、辉煌,具有良好的办学传承;重建唐山交通大学得到了老交大人、相关学者、唐山市政府及市民的呼吁和重视;唐山市政治、经济、文化发展的内在需求。其次,重建唐山交通大学的具体策略。一是明确"国内一流、世界知名"的高水平研究型大学的目标;二是采取省部市共建、多校联建的新的办学体制。河北省政府、教育厅等相关部门主要负责制定重建唐山交通大学的政策文件,并予以部分资金支持;唐山市政府主要负责重建唐山交通大学的场地提供、建设唐山交通大学的专项资金以及积极从社会、老交大校友集资捐款,保证重建唐山交通大学具有足够场地和充裕资金;教育部、交通运输部等部委主要负责与受益于原唐山交通大学的西南交通大学、东北大学、天津大学、北京科技大

学、中国地质大学、中国矿业大学、北京交通大学、清华大学等高校进行积极沟通和协商，架起组建方与各高校沟通的桥梁，实现这些高校在学科、师资等资源方面的援建或联建。根据协商程度和各自意愿，联建院校既可以选取各自学校的优势学科、特色学科积极支持，也可以独立建设一个专业、系或学院，还可以通过建立研究院所、科研基地等形式进行支持。

第四，积极引进国内外优质高等教育资源。一是不断探索和创新高等教育发展模式，虽然目前有部分国内高水平高校在冀建立研究院，但规模小、层次低、力度小、创新程度低，应借鉴深圳、青岛、珠海等地的经验，通过创建大学城、与国内高水平大学合作设置研究院或开设分校（校区）、建设特色学院等来进一步引进优质高等教育资源。二是开展中外合作办学，借鉴西交利物浦大学、上海纽约大学、深圳北理莫斯科大学、中科院 UCLA（河南）大学等模式，大力引进世界一流大学在冀创办世界顶尖研究型大学。河北省教育厅对"河北将建一所高质量大学并发动网络投票"的信息进行了辟谣和澄清[1]，之所以存在这一谣言，是因为河北省人民对本省拥有高水平国际化大学具有强烈诉求，是对其他省份积极争取优质高等教育资源表示羡慕的表达，因此河北省应顺势而为、积极论证和多方借鉴学习。

二、坚持内部培养和外部引进并举，形成"引得来、用得好、留得住"的人才格局

高层次人才是"双一流"建设的重中之重。一是加大经费投入力度，切实提高高层次人才的工资待遇以及住房、医疗等福利保障。二是积极进行薪酬制度改革，强化绩效考核导向。三是积极进行人事制度改革，实行更加灵活的人才政策，优化人才评价体系，创造更大的发展空间。四是"引培并举"，直接引进高层次人才虽见效快，但这属于短期行为，还应该注重内部培养，大胆创新与探索，尤其是对中青年优秀人才进行持续性的资源支持和政策倾斜，加大"一人一策""人才绿色通道"等的推行力度。五是利用地域优势、学科优势、时代机遇，积极打造高水平科研平台，凝练学科特色，组建学术团队，为吸引高层次人才、培育中青年人才提供良好平台。

---

[1] 河北省教育厅最新通知！这个谣言别再传了[EB/OL].（2017-09-23）. http://hebei.hebnews.cn/2017-09/23/ content_6631063.htm.

三、加大资金投入力度，实行有区别的重点支持与资助

资金投入力度在一定程度上影响高校发展，河北省要想在激烈的高等教育竞争中脱颖而出，必须在资金投入力度上比其他省份更大，并进行合理分配。一是加大"双一流"建设的资金投入力度。例如，江西省5年投入40亿元[①]，广东省3年投入50亿元[②]。以两省经费投入力度为参照对象，根据河北省"双一流"建设规模，预测至少需要5年投入60亿元才能与之持平。二是根据高校办学层次、建设目标、优势学科数量等情况，实行分类、有重点的资金支持。广东省2017年的经费投入针对一流大学、一流学科以及学科入选数量进行了有区别的重点支持与资助。河北省应对4所一层次高校给予资金倾斜，对有潜力、可持续、能形成学科群的优质学科进一步给予重点资助。三是进行经费使用制度改革。扩大经费使用的自主性、灵活性，而非强行要求资金的使用进度、比例和时间限制，最大限度避免资金的不合理使用和无谓浪费。

四、推进高等教育综合改革，扩大落实高校办学自主权

（一）不断优化高等教育生态环境

一是要积极落实《河北省中长期教育改革和发展规划纲要（2010—2020年）》《关于深化高等教育领域简政放权放管结合优化服务改革的实施意见》的精神，在现代大学制度、管理体制、人事制度、资源配置等方面出台一系列政策，推动高等教育治理变革。二是推行高校分类体系，优化高等教育结构。科学合理的高校分类体系及管理制度，既为各类高校明确办学定位和发展方向提供了方向，也为省政府进行分类资助和合理考核提供了参考。河北省可以借鉴山东、重庆等省份的成功经验，成立课题组对本省进行系统调研，在参考省内外高校分类体系的基础上，立足本省实际和高教强省目标，提出本省的高校分类标准，并提交由相关领导、高校校长、相关专家组成的

---

① 江西省人民政府. 江西省有特色高水平大学和一流学科专业建设实施方案[EB/OL]. （2017-05-19）. http://xdzx.xyc.edu.cn/index.php?c=show&id=227&s=news.

② 中共广东省委办公厅. 中共广东省委 广东省人民政府关于建设高水平大学的意见[EB/OL]. （2015-04-10）. http://portal.smu.edu.cn/zyyxy/info/1115/2701.htm.

专家委员会进行论证。

(二) 提高高校治理能力

一是省政府积极下放权力，鼓励12所"双一流"高校尤其是4所一层次高校在民主管理、学术管理、人事制度改革、资源配置、绩效考核等方面实施"一校一策"，大胆探索和改革。二是省政府和入选高校对入选学科尤其是17个世界一流学科及其所在学院放权，在院系治理、经费分配、人才引进、职称评定等方面进行试点改革，提高其办学活力和办学水平。

(三) 打造学科特区

学科是"双一流"建设的重心。在54个"双一流"入选学科尤其是17个世界一流学科中大力推行学科特区，河北省应积极借鉴上海、河南、云南等省份的做法，在资源配置、人才引进、科研评价、成果转化等方面给予学科特区一定自主权，充分发挥其在凝练学科发展方向、培育学科团队、激发学科发展动力、打造学科高峰等方面的积极作用。

五、明确政府各部门职责分工，建立"双一流"建设的保障机制

"双一流"建设是一项长期、复杂的系统工程，需要各部门分工明确、责任清晰、通力合作才能完成。

一是成立"双一流"建设办公室，并直属河北省政府，由主管副省长直接领导。该办公室对涉及"双一流"建设的河北省教育厅、财政厅、发展和改革委员会、人力资源和社会保障厅等部门进行具体分工、统一调配和管理，推动各部门之间的协作，定期组织交流会议，筛选各部门遇到的问题及时反馈到河北省政府进行决策。

二是明确各部门职责分工。重庆市除了对市教育厅、财政厅的职责作出划分外，还规定了市人力资源和社会保障局负责完善高层次人才引进、岗位结构比例、绩效工资等方面的相关支持政策，市经济和信息化委员会在产业对接、校企合作等方面做好服务，重庆市机制编制委员会办公室负责调整优化编制结构、保障高层次创新人才的基本编制等。河北省"双一流"建设必须统筹

安排，明确各部门的职责分工，避免出现相互推诿的现象。

三是加强相关配套政策的及时跟进。河北省各职责部门应在省"双一流"建设方案的引导下出台相关的配套方案，如资金使用配套方案、绩效管理和奖惩办法配套方案、人才引进配套方案、引导企事业单位参与配套方案、科研评价机制改革配套方案、与国内外高校开展合作配套方案等，确保"双一流"建设的顺利开展。

四是加强绩效考核和问责制度，建立"双一流"建设的评价与动态调整机制，对入选高校或学科进行阶段性考核，对实施不利、进展不佳、成效不好的项目予以淘汰，构建有进有出的动态筛选机制，形成良好的竞争环境和氛围，为以后成功入选国家"双一流"建设高校和学科行列而努力。

附 录[①]

《统筹推进世界一流大学和一流学科建设总体方案》

国发〔2015〕64号

建设世界一流大学和一流学科,是党中央、国务院作出的重大战略决策,对于提升我国教育发展水平、增强国家核心竞争力、奠定长远发展基础,具有十分重要的意义。多年来,通过实施"211工程""985工程"以及"优势学科创新平台""特色重点学科项目"等重点建设,一批重点高校和重点学科建设取得重大进展,带动了我国高等教育整体水平的提升,为经济社会持续健康发展作出了重要贡献。同时,重点建设也存在身份固化、竞争缺失、重复交叉等问题,迫切需要加强资源整合,创新实施方式。为认真总结经验,加强系统谋划,加大改革力度,完善推进机制,坚持久久为功,统筹推进世界一流大学和一流学科建设,实现我国从高等教育大国到高等教育强国的历史性跨越,现制定本方案。

一、总体要求

(一)指导思想

高举中国特色社会主义伟大旗帜,以邓小平理论、"三个代表"重要思

[①] 附录部分呈现了四份"双一流"政策文本,根据政策文本的公开性和可得性,共涉及国家层面、河北省层面、高校层面(国家"双一流"建设高校、河北省"双一流"建设高校)三个层面,以便让读者更好地看到"双一流"建设在国家、省级政府、不同类型高校之间的具体情况。

想、科学发展观为指导，认真落实党的十八大和十八届二中、三中、四中全会精神，深入贯彻习近平总书记系列重要讲话精神，按照"四个全面"战略布局和党中央、国务院决策部署，坚持以中国特色、世界一流为核心，以立德树人为根本，以支撑创新驱动发展战略、服务经济社会发展为导向，加快建成一批世界一流大学和一流学科，提升我国高等教育综合实力和国际竞争力，为实现"两个一百年"奋斗目标和中华民族伟大复兴的中国梦提供有力支撑。

坚持中国特色、世界一流，就是要全面贯彻党的教育方针，坚持社会主义办学方向，加强党对高校的领导，扎根中国大地，遵循教育规律，创造性地传承中华民族优秀传统文化，积极探索中国特色的世界一流大学和一流学科建设之路，努力成为世界高等教育改革发展的参与者和推动者，培养中国特色社会主义事业建设者和接班人，更好地为社会主义现代化建设服务、为人民服务。

（二）基本原则

——坚持以一流为目标。引导和支持具备一定实力的高水平大学和高水平学科瞄准世界一流，汇聚优质资源，培养一流人才，产出一流成果，加快走向世界一流。

——坚持以学科为基础。引导和支持高等学校优化学科结构，凝练学科发展方向，突出学科建设重点，创新学科组织模式，打造更多学科高峰，带动学校发挥优势、办出特色。

——坚持以绩效为杠杆。建立激励约束机制，鼓励公平竞争，强化目标管理，突出建设实效，构建完善中国特色的世界一流大学和一流学科评价体系，充分激发高校内生动力和发展活力，引导高等学校不断提升办学水平。

——坚持以改革为动力。深化高校综合改革，加快中国特色现代大学制度建设，着力破除体制机制障碍，加快构建充满活力、富有效率、更加开放、有利于学校科学发展的体制机制，当好教育改革排头兵。

（三）总体目标

推动一批高水平大学和学科进入世界一流行列或前列，加快高等教育治理体系和治理能力现代化，提高高等学校人才培养、科学研究、社会服务和文化传承创新水平,使之成为知识发现和科技创新的重要力量、先进思想和优秀文化的重要源泉、培养各类高素质优秀人才的重要基地,在支撑国家创新驱动发展战略、服务经济社会发展、弘扬中华优秀传统文化、培育和践行社会主义核心价值观、促进高等教育内涵发展等方面发挥重大作用。

——到2020年,若干所大学和一批学科进入世界一流行列,若干学科进入世界一流学科前列。

——到2030年,更多的大学和学科进入世界一流行列,若干所大学进入世界一流大学前列,一批学科进入世界一流学科前列,高等教育整体实力显著提升。

——到本世纪中叶,一流大学和一流学科的数量和实力进入世界前列,基本建成高等教育强国。

二、建设任务

(四)建设一流师资队伍

深入实施人才强校战略,强化高层次人才的支撑引领作用,加快培养和引进一批活跃在国际学术前沿、满足国家重大战略需求的一流科学家、学科领军人物和创新团队,聚集世界优秀人才。遵循教师成长发展规律,以中青年教师和创新团队为重点,优化中青年教师成长发展、脱颖而出的制度环境,培育跨学科、跨领域的创新团队,增强人才队伍可持续发展能力。加强师德师风建设,培养和造就一支有理想信念、有道德情操、有扎实学识、有仁爱之心的优秀教师队伍。

(五)培养拔尖创新人才

坚持立德树人,突出人才培养的核心地位,着力培养具有历史使命感和社会责任心,富有创新精神和实践能力的各类创新型、应用型、复合型优秀人才。加强创新创业教育,大力推进个性化培养,全面提升学生的综合素质、国际视野、科学精神和创业意识、创造能力。合理提高高校毕业生创业比例,引导高校毕业生积极投身大众创业、万众创新。完善质量保障体系,将学生成长成才作为出发点和落脚点,建立导向正确、科学有效、简明清晰的评价体系,激励学生刻苦学习、健康成长。

（六）提升科学研究水平

以国家重大需求为导向，提升高水平科学研究能力，为经济社会发展和国家战略实施作出重要贡献。坚持有所为有所不为，加强学科布局的顶层设计和战略规划，重点建设一批国内领先、国际一流的优势学科和领域。提高基础研究水平，争做国际学术前沿并行者乃至领跑者。推动加强战略性、全局性、前瞻性问题研究，着力提升解决重大问题能力和原始创新能力。大力推进科研组织模式创新，依托重点研究基地，围绕重大科研项目，健全科研机制，开展协同创新，优化资源配置，提高科技创新能力。打造一批具有中国特色和世界影响的新型高校智库，提高服务国家决策的能力。建立健全具有中国特色、中国风格、中国气派的哲学社会科学学术评价和学术标准体系。营造浓厚的学术氛围和宽松的创新环境，保护创新、宽容失败，大力激发创新活力。

（七）传承创新优秀文化

加强大学文化建设，增强文化自觉和制度自信，形成推动社会进步、引领文明进程、各具特色的一流大学精神和大学文化。坚持用价值观引领知识教育，把社会主义核心价值观融入教育教学全过程，引导教师潜心教书育人、静心治学，引导广大青年学生勤学、修德、明辨、笃实，使社会主义核心价值观成为基本遵循，形成优良的校风、教风、学风。加强对中华优秀传统文化和社会主义核心价值观的研究、宣传，认真汲取中华优秀传统文化的思想精华，做到扬弃继承、转化创新，并充分发挥其教化育人作用，推动社会主义先进文化建设。

（八）着力推进成果转化

深化产教融合，将一流大学和一流学科建设与推动经济社会发展紧密结合，着力提高高校对产业转型升级的贡献率，努力成为催化产业技术变革、加速创新驱动的策源地。促进高校学科、人才、科研与产业互动，打通基础研究、应用开发、成果转移与产业化链条，推动健全市场导向、社会资本参与、多要素深度融合的成果应用转化机制。强化科技与经济、创新项目与现实生产力、创新成果与产业对接，推动重大科学创新、关键技术突破转变为先进生产力，增强高校创新资源对经济社会发展的驱动力。

三、改革任务

(九) 加强和改进党对高校的领导

坚持和完善党委领导下的校长负责制，建立健全党委统一领导、党政分工合作、协调运行的工作机制，不断改革和完善高校体制机制。进一步加强和改进新形势下高校宣传思想工作，牢牢把握高校意识形态工作领导权，不断坚定广大师生中国特色社会主义道路自信、理论自信、制度自信。全面推进高校党的建设各项工作，着力扩大党组织的覆盖面，推进工作创新，有效发挥高校基层党组织战斗堡垒作用和党员先锋模范作用。完善体现高校特点、符合学校实际的惩治和预防腐败体系，严格执行党风廉政建设责任制，切实把党要管党、从严治党的要求落到实处。

(十) 完善内部治理结构

建立健全高校章程落实机制，加快形成以章程为统领的完善、规范、统一的制度体系。加强学术组织建设，健全以学术委员会为核心的学术管理体系与组织架构，充分发挥其在学科建设、学术评价、学术发展和学风建设等方面的重要作用。完善民主管理和监督机制，扩大有序参与，加强议事协商，充分发挥教职工代表大会、共青团、学生会等在民主决策机制中的作用，积极探索师生代表参与学校决策的机制。

(十一) 实现关键环节突破

加快推进人才培养模式改革，推进科教协同育人，完善高水平科研支撑拔尖创新人才培养机制。加快推进人事制度改革，积极完善岗位设置、分类管理、考核评价、绩效工资分配、合理流动等制度，加大对领军人才倾斜支持力度。加快推进科研体制机制改革，在科研运行保障、经费筹措使用、绩效评价、成果转化、收益处置等方面大胆尝试。加快建立资源募集机制，在争取社会资源、扩大办学力量、拓展资金渠道方面取得实质进展。

(十二) 构建社会参与机制

坚持面向社会依法自主办学，加快建立健全社会支持和监督学校发展的长效机制。建立健全理事会制度，制定理事会章程，着力增强理事会的代表性和权威性，健全与理事会成员之间的协商、合作机制，充分发挥理事会对学校改革发展的咨询、协商、审议、监督等功能。加快完善与行业企业密切合作的模式，推进与科研院所、社会团体等资源共享，形成协调合作的有效机制。积极引入专门机构对学校的学科、专业、课程等水平和质量进行评估。

（十三）推进国际交流合作

加强与世界一流大学和学术机构的实质性合作，将国外优质教育资源有效融合到教学科研全过程，开展高水平人才联合培养和科学联合攻关。加强国际协同创新，积极参与或牵头组织国际和区域性重大科学计划和科学工程。营造良好的国际化教学科研环境，增强对外籍优秀教师和高水平留学生的吸引力。积极参与国际教育规则制定、国际教育教学评估和认证，切实提高我国高等教育的国际竞争力和话语权，树立中国大学的良好品牌和形象。

四、支持措施

（十四）总体规划，分级支持

面向经济社会发展需要，立足高等教育发展现状，对世界一流大学和一流学科建设加强总体规划，鼓励和支持不同类型的高水平大学和学科差别化发展，加快进入世界一流行列或前列。每五年一个周期，2016年开始新一轮建设。

高校要根据自身实际，合理选择一流大学和一流学科建设路径，科学规划、积极推进。拥有多个国内领先、国际前沿高水平学科的大学，要在多领域建设一流学科，形成一批相互支撑、协同发展的一流学科，全面提升综合实力和国际竞争力，进入世界一流大学行列或前列。拥有若干处于国内前列、在国际同类院校中居于优势地位的高水平学科的大学，要围绕主干学科，强化办学特色，建设若干一流学科，扩大国际影响力，带动学校进入世界同类高校前列。拥有某一高水平学科的大学，要突出学科优势，提升学科水平，进入该学科领域世界一流行列或前列。

中央财政将中央高校开展世界一流大学和一流学科建设纳入中央高校预算拨款制度中统筹考虑，并通过相关专项资金给予引导支持；鼓励相关地方政府通过多种方式，对中央高校给予资金、政策、资源支持。地方高校开展世界一流大学和一流学科建设，由各地结合实际推进，所需资金由地方财政统筹安排，中央财政通过支持地方高校发展的相关资金给予引导支持。中央基本建设投资对世界一流大学和一流学科建设相关基础设施给予支持。

（十五）强化绩效，动态支持

创新财政支持方式，更加突出绩效导向，形成激励约束机制。资金分配更多考虑办学质量特别是学科水平、办学特色等因素，重点向办学水平高、特色鲜明的学校倾斜，在公平竞争中体现扶优扶强扶特。完善管理方式，进一步增强高校财务自主权和统筹安排经费的能力，充分激发高校争创一流、办出特色的动力和活力。

建立健全绩效评价机制，积极采用第三方评价，提高科学性和公信度。在相对稳定支持的基础上，根据相关评估评价结果、资金使用管理等情况，动态调整支持力度，增强建设的有效性。对实施有力、进展良好、成效明显的，适当加大支持力度；对实施不力、进展缓慢、缺乏实效的，适当减少支持力度。

（十六）多元投入，合力支持

建设世界一流大学和一流学科是一项长期任务，需要各方共同努力，完善政府、社会、学校相结合的共建机制，形成多元化投入、合力支持的格局。

鼓励有关部门和行业企业积极参与一流大学和一流学科建设。围绕培养所需人才、解决重大瓶颈等问题，加强与有关高校合作，通过共建、联合培养、科技合作攻关等方式支持一流大学和一流学科建设。

按照平稳有序、逐步推进原则，合理调整高校学费标准，进一步健全成本分担机制。高校要不断拓宽筹资渠道，积极吸引社会捐赠，扩大社会合作，健全社会支持长效机制，多渠道汇聚资源，增强自我发展能力。

五、组织实施

（十七）加强组织管理

国家教育体制改革领导小组负责顶层设计、宏观布局、统筹协调、经费投入等重要事项决策，重大问题及时报告国务院。教育部、财政部、发展改革委负责规划部署、推进实施、监督管理等工作，日常工作由教育部承担。

（十八）有序推进实施

要完善配套政策，根据本方案组织制定绩效评价和资金管理等具体办法。

要编制建设方案，深入研究学校的建设基础、优势特色、发展潜力等，科学编制发展规划和建设方案，提出具体的建设目标、任务和周期，明确改革举措、资源配置和资金筹集等安排。

要开展咨询论证，组织相关专家，结合经济社会发展需求和国家战略需要，对学校建设方案的科学性、可行性进行咨询论证，提出意见建议。

要强化跟踪指导，对建设过程实施动态监测，及时发现建设中存在的问题，提出改进的意见建议。建立信息公开公示网络平台，接受社会公众监督。

《河北省人民政府关于统筹推进一流大学和一流学科建设的意见》

冀政发〔2016〕22号

各市（含定州、辛集市）人民政府，各县（市、区）人民政府，省政府各部门：

为贯彻落实《国务院关于印发统筹推进世界一流大学和一流学科建设总体方案的通知》（国发〔2015〕64号）精神，统筹推进一流大学和一流学科建设，实现我省从高等教育大省向高等教育强省的跨越，提升高等教育为建设经济强省、美丽河北服务的水平，结合我省实际，提出如下意见：

一、总体目标

到2020年，3所左右大学达到或接近国家一流大学水平，一批学科进入国家一流学科行列，个别学科进入世界一流学科行列。到2030年，若干所大学进入国家一流大学行列，更多学科进入国家一流学科行列，10个左右学科进入世界一流学科行列，我省高等教育整体实力显著提升。到本世纪中叶，有高等学校达到或接近世界一流大学水平，更多学科进入世界一流学科行列，国家一流大学和一流学科的数量显著增加，基本建成高等教育强省。

二、建设任务

（一）建设高水平师资队伍

实施人才强校战略，强化高层次人才的支撑引领作用，培养和引进一批活跃在国际或国内学术前沿、满足我省及国家重大战略需求的一流科学家、学科领军人物和创新团队。积极引进"两院"院士、"万人计划"各类专家、"973"和"863"首席专家、"长江学者"、"杰青"等高层次人才及其创新团队，完善"燕赵学者"遴选培养计划。高等学校要不断完善绩效考核分配办法，以充分体现向高端人才的倾斜。遵循教师成长发展规律，坚持引进和培养并重，以中青年教师和创新团队为重点，优化中青年教师成长发展的制度环境，培育跨学科、跨领域的创新团队，增强人才队伍可持续发展能力。加强师德师风建设，增强广大教师教书育人的责任感和使命感，培养和造就有理想信念、道德情操、扎实学识、仁爱之心的优秀教师队伍。

（二）创新人才培养机制

坚持立德树人，突出人才培养的核心地位，着力培养具有历史使命感和社会责任心，富有创新精神和实践能力的各类创新型、应用型、复合型优秀人才。改革传统的教育教学模式，注重学思结合，倡导启发式、探究式和讨论式、参与式教学，营造独立思考、自由探索的学术氛围。加强创新创业教育，大力推进个性化培养，全面提升学生的综合素质、国际视野、科学精神、创业意识和创造能力。合理提高高等学校毕业生创业比例，积极推进高等学校与地方政府共建大学生创业园区，引导高等学校毕业生积极投身大众创业、万众创新。完善由政府、学校、社会各方共同参与的质量评价保障体系，建立导向正确、科学有效、简明清晰的评价体系，形成对高等学校教师和学生的正向激励机制。

（三）提升科学研究水平

以国家和我省经济社会发展需求为导向，以省内高等学校博士点、重点学科和重点实验室、工程技术研究中心及重点研究基地等为依托，提高基础研究水平，加强战略性、全局性和前瞻性问题研究，提升解决重大问题能力和原始创新能力。加强省高等学校协同创新中心、人文社会科学重点研究基地建设，推进科研组织模式的创新，围绕重大科研项目进行联合攻关，开展协同创新，优化资源配置，提升科技创新能力。打造新型高等学校智库，发挥高等学校在战略研究、政策建言、人才培养、舆论引导、公共外交的重要功能，提高服务河北和国家决策的能力。

(四) 着力推进成果转化

深化产业与教育的融合,将一流大学和一流学科建设与服务经济社会发展相结合,着力提高高等学校对我省产业转型升级的贡献率。推动高等学校创新成果重点与我省和中东欧国家产能合作以及京冀曹妃甸协同发展示范区、张家口市可再生能源示范区、白洋淀科技城和北京新机场临空经济区等产业园区建设实现有效对接,推动重大科学创新、关键技术突破转变为先进生产力。加强泥河湾遗址、燕赵文化等特色资源和传统文化研究与成果转化,助力我省文化旅游产业发展。落实《河北省促进高等学校和科研院所科技成果转化暂行办法》,调动高等学校科技人员创新创业积极性,打通基础研究、应用开发、成果转移与产业化链条,推动健全市场导向、社会资本参与、多要素深度融合的成果应用转化机制。

(五) 传承创新优秀文化

加强大学文化建设,增强文化自觉和制度自信,形成推动社会进步、引领文明进程、具有特色的大学精神与大学文化。坚持将社会主义核心价值观融入高等教育教学全过程,加强科学道德和学风建设,引导教师安于职责潜心教书育人、精心治学,引导青年学生修德、勤学、明辨、笃实,形成优良的校风、教风和学风。加强对中华传统文化和社会主义核心价值观的研究,认真汲取中华传统文化的思想精华,做到扬弃继承、转化创新,推动社会主义先进文化建设。

三、改革任务

(一) 完善高等学校治理结构

加快推进依法治校、依章办学,把教育改革发展纳入法治化轨道,建立健全高等学校章程落实机制,形成完善、规范、统一的现代大学制度体系。加强学术组织建设,健全以学术委员会为核心的学术管理体系与组织架构,充分发挥学术组织的重要作用,确保学术权力的相对独立和规范运行。完善民主管理和监督机制,拓宽教职工参与管理和决策的渠道,充分发挥教职工代表大会、共青团、学生会等在民主决策机制中的作用,积极探索师生代表参与学校决策的机制,逐步实现内部治理的科学化、民主化、法治化。

（二）深化体制机制改革

加快推进人才培养体制改革，适应国家和社会发展需要，推进科教协同、产教协同育人，形成体系开放、机制灵活、渠道互通、选择多样的人才培养体制。加快推进人事制度改革，完善岗位设置、分类考评、绩效奖酬、合理流动等制度；落实人才优先发展战略，制定高端人才培育引进专项计划和倾斜支持政策，形成具有竞争力的人才制度优势。加快推进科研体制机制改革，深入实施创新驱动发展战略，建立以质量和贡献为导向的绩效评价机制，完善促进成果转化的业绩考评与收益分配制度，最大限度激发科研人员的创新热情。改革经费管理办法，扩大学校经费使用自主权，支持高等学校对专项经费的统筹协调，引导经费更多用于师资队伍建设、人才培养，放宽经费结转使用，提高经费使用效益。

（三）扩大开放办学

坚持面向社会依法自主办学，加快建立健全社会支持和监督学校发展的长效机制。建立健全理事会制度，增强理事会的代表性和权威性，充分发挥理事会对学校改革发展的咨询、协商、审议、监督等功能。鼓励与行业企业、科研院所、社会团体密切合作，促进资源共享。推动建立资源募集和规范使用机制，拓展资金渠道、引入社会资源、扩大办学力量。积极引入专门机构对学校的学科、专业、课程等水平和质量进行评估。

（四）推进国际交流合作

加强与国际高水平大学和学术机构的实质性合作，推进国际协同创新，将国外优质教育资源有效融合到教学科研全过程，促进高水平人才联合培养和科技联合攻关。营造良好的国际化教学科研环境，扩大外籍教师和留学生的规模，优化生源结构。积极参与国际教育教学评估和认证，提高我省高等教育的国际声誉。

四、保障措施

（一）多元投入支持

1. 一流大学建设分为两个层次，一流学科建设分为世界一流学科、国家一流学科、省内一流学科三个层次。省财政厅将高等学校开展一流大学和一流学科建设纳入省高等学校预算拨款制度中统筹考虑，从2016年起，"十三五"期间每年增设一流大学和一流学科专项资金5亿元给予支持，连续五年，总计25亿元。中央财政通过支持地方高等学校发展的相关资金给予引导支持。将一流大学和一流学科建设相关基础设施纳入省级基本建设投资支持范围，并通过设立专项给予支持。积极筹措建设资金，教育部门科学编制教育事业发展规划，发展专项资金列入中期财政规划，加大省财政支持力度，根据不同高等学校的建设定位，考虑学校办学质量，特别是学科水平、办学特色等因素，建设资金重点向办学水平高、特色鲜明的学校倾斜，实施差别化的资金支持举措。

2. 积极探索与京津地区高水平大学开展合作办学、联合攻关、人员交流、联合培养、资源共建共享等多种形式的合作，努力争取更多中央财政专项资金支持省内高等学校世界一流大学和一流学科建设，引领和促进我省高等教育实现跨越式发展。

3. 制定激励措施，鼓励有关部门和行业企业，围绕培养所需人才、解决重大瓶颈等问题，通过基地共建、联合培养、智库建设、决策咨询、科技合作攻关等方式，加强与高等学校的协同创新发展，积极参与支持高等学校一流大学和一流学科建设。

4. 在合理调整高等学校学费标准的基础上，健全成本分担机制。鼓励高等学校积极吸引社会捐赠，扩大社会合作，健全社会支持长效机制，拓宽筹资渠道，增强高等学校自我发展能力。

（二）坚持动态支持

自2016年开始，每五年一个周期，与国家五年规划同步，瞄准一流目标开展新一轮建设。突出绩效导向，根据学科类别和特征，积极采用科学性和公信度高的第三方分类评价指标，建立健全符合学科建设规律的绩效评价机制。以绩效考核为约束，完善管理方式，增强高等学校财务自主权和统筹安排经费的能力，充分激发高等学校争创一流、办出特色的动力和活力。

根据相关评估评价结果、资金使用管理等情况，动态调整支持力度，增强建设的有效性。对实施有力、进展良好、成效明显的，适当加大支持力度；对实施不力、进展缓慢、缺乏实效的，适当减少支持力度。

五、组织实施

（一）加强组织管理

省教育体制改革领导小组负责宏观规划、统筹协调、经费投入等重要事项决策，重大问题及时报告省政府；省教育厅、省财政厅、省发展改革委负责完善财政投入、绩效评价和资金管理等具体配套政策和办法，加强组织管理，有序部署、统筹推进我省高等学校一流大学和一流学科的建设工作。日常工作由省教育厅承担。

（二）编制建设方案

指导高等学校深入研究自身建设基础、优势特色、发展潜力等，科学编制发展规划和建设方案，提出具体建设目标、任务和周期，明确改革举措、资源配置、资金筹集和使用等工作安排。组织相关专家，结合我省经济社会发展需求和国家战略需要，对学校建设方案的科学性、可行性进行咨询论证，提出意见建议，把握建设方向和目标。

（三）强化跟踪指导

组织相关专家，对建设过程实施动态监测与评价，及时发现建设中存在的问题，提出改进的意见建议；建设成效通过信息公示网络平台向社会公开，接受公众的监督。

《河北工业大学一流学科建设高校建设方案（精编版）》

党的十九大提出"加快一流大学和一流学科建设，实现高等教育内涵式发展"，把教育事业放在优先发展的位置，把建设教育强国作为中华民族伟大复兴的基础工程，标志着中国特色高等教育进入了新阶段。为贯彻落实党的十九大精神和习近平新时代中国特色社会主义思想，根据《国务院关于印发统筹推进世界一流大学和一流学科建设总体方案的通知》、《教育部 财政部 国家发展改革委关于印发〈统筹推进世界一流大学和一流学科建设实施办法（暂行）〉的通知》和《教育部办公厅关于编制世界一流大学和一流学科建设方案的通知》精神，结合学校实际，编制本方案。

一、建设目标

（一）学校办学定位与发展目标

办学定位：以马克思列宁主义、毛泽东思想、邓小平理论、"三个代表"重要思想、科学发展观、习近平新时代中国特色社会主义思想为指导，加强党对学校各项工作的领导，全面贯彻党的教育方针，坚持社会主义办学方向，坚持立德树人，坚持中国特色、世界一流，传承弘扬"兴工报国"优良办学传统和"工学并举"鲜明办学特色，主动把握国家实施创新驱动发展战略、京津冀协同发展战略、国家在河北省设立"雄安新区"等重大历史机遇，充分利用省市部共建的平台优势与隶属河北、地处天津的区位优势，坚持以人才培养为核心，坚持科学研究与服务社会并重，坚持以工科为主，加强内涵发展、特色发展、协同发展、创新发展，培养德智体美全面发展、严谨务实、开拓创新、具有社会责任感的高素质专门人才，不断提升直接服务区域经济社会发展的能力和水平。

发展目标：努力把对区域经济社会发展支撑度高的学科建设成为世界一

流学科。到 2020 年，学校学科布局更加优化，一流学科建设取得显著进展，实现阶段发展目标；到 2030 年，学校部分学科达到国内一流学科水平，个别学科接近或达到世界一流学科水平；到本世纪中叶，学校部分学科接近或达到世界一流学科水平，个别学科进入世界一流学科行列。

（二）学科建设总体规划及拟建设学科

1. 学科建设总体规划

集中全校力量建设一流学科，打造学校学科高地。面向国家重大战略需求、经济社会主战场与世界科技发展前沿，依托学校电气工程、材料科学与工程、机械工程等优势学科，重点建设"先进装备工程与技术"学科群，突出学科交叉融合和协同创新，打造学科高地，力争早日进入世界一流学科行列。

为有效支撑和保障一流学科建设，加强学校化学工程与技术、控制科学与工程、电子科学与技术等其他学科的交叉融合，组成第二学科方阵，实现科学布局、梯次推进、分步发展、共同提高的学科建设格局。

2. 拟建设学科

学校拟依托电气工程（电机与电器）国家重点学科、材料科学与工程（材料物理与化学）国家重点学科、机械工程河北省强势特色学科等骨干优势学科，重点建设"先进装备工程与技术"学科群。

集中力量建设"先进装备工程与技术"学科群，打造学科高地，是实现学校持续又好又快发展的迫切需要；发挥一流学科建设的引领作用，快速提升学校学科整体水平和学校综合办学实力，是河北省高等教育发展的现实需要；建设"先进装备工程与技术"学科群，突破特种作业机器人、新能源装备、绿色节能装备产业关键技术，培养大批富有创新精神和实践能力的优秀人才，是河北省落实国家创新驱动发展战略，建设"产业转型升级试验区"，推动装备制造业成为全省第一主导产业，打造"河北制造"升级版，加快建设经济强省、美丽河北的现实需要。

二、一流学科建设

（一）口径范围

拟建设的"先进装备工程与技术"学科群是以电气工程、材料科学与工程、机械工程三个一级学科为主，同时融合了控制科学与工程、化学工程与技术、电子科学与技术、计算机科学与技术等相关学科优势方向的交叉学科群。

"先进装备工程与技术"学科群以"先进设计理论与方法"为引领，以"先进材料设计与制备"为支撑，以"智能感知与控制"为保障，以"先进装备系统集成"为目标。学科方向设置和重点研究问题如表1所示。

表1 学科方向与重点研究问题

序号	学科方向	重点研究问题
1	先进设计理论与方法	①创新设计与技术创新方法 ②基于数值模拟的设计理论与方法 ③可靠性设计理论与方法
2	先进材料设计与制备	①装备结构材料设计与制备 ②装备功能材料设计与制备 ③新型能源和环境材料设计与制备
3	智能感知与控制	①智能传感与人机界面 ②多模态感知与行为意图理解 ③先进装备的控制与优化
4	先进装备系统集成	①特种作业机器人 ②新能源装备与系统集成 ③绿色节能装备与系统集成

（二）建设目标

建设"先进装备工程与技术"学科群，在创新设计、装备可靠性设计、装备功能材料、智能感知、特种作业机器人系统集成等领域着力提高原始创新能力，突破一批关键瓶颈技术，进入国际学术前沿；成为引领区域高端装备产业发展的重要支撑，成为国家高等教育改革发展和国家重大战略体系的重要参加、参与力量。

到2020年，整合相关学科优势资源，凝练学科方向，打造有效服务区域高端装备、新材料、节能环保等产业发展的多个优势学科团队，培育高层次学科带头人，构建面向世界一流学科的人才培养体系和机制。

到2030年，实现对应一级学科相关建设领域的高度有机融合，在各学科方向形成具有一定国内外影响力的学科团队，有力推动学科群整体影响力及整体科研水平的提升，成为引领河北省、天津市高端装备、新材料、节能环保等产业发展的重要支撑载体；学科接近或达到世界一流学科水平。

到本世纪中叶，本学科群在综合实力、学术声誉与国际影响力等方面整体得到跃升；形成一支具有世界一流水平的中青年学术骨干占主体的优秀师资队伍，培养出一批在产业界得到高度认可的杰出校友；科学研究处于国内外学术前沿，成为国家、京津冀区域高端装备、新材料、节能环保等产业发展的重要支撑；学科进入世界一流学科行列。

（三）建设基础

1. 扎实的学科平台基础

拟建设学科群主要依托的电气工程、材料科学与工程、机械工程等学科已具有国家重点学科、省级重点学科及博士学位授予权，具备了扎实的学科平台基础，具体见表2。

表2 拟建学科依托学科构成

拟建学科名称	对应一级学科名称	重点学科	学位点
先进装备工程与技术	电气工程	国家二级重点学科（电机与电器）、河北省强势特色学科、天津市重点学科	博士学位授权一级学科
	材料科学与工程	国家二级重点学科（材料物理与化学）、河北省强势特色学科、天津市重点学科	博士学位授权一级学科
	机械工程	河北省国家重点学科培育项目支持学科、河北省强势特色学科、天津市重点学科	博士学位授权一级学科

2. 优秀的学科人才和团队

本学科群有专职教师180人，其中高级职称160人，包括"长江学者"、"国家杰青"等高层次人才7人。建有国家级教学团队2个、教育部长江学者和创新团队发展计划研究团队3个、国家科技计划执行优秀团队1个、02重大专项优秀团队1个，以及河北省"巨人计划"创新创业团队、天津市创新人才推进计划 A 类重点领域创新团队等8个省级创新团队，为本学科群建设奠定了坚实的人才基础。

3. 支撑度高的科研平台

本学科群建有国家技术创新方法与实施工具工程技术研究中心、省部共建电工装备可靠性与智能化国家重点实验室、化工节能过程集成与资源利用国家地方联合工程实验室等3个国家级科研平台，以及智能康复装置与检测技术教育部工程研究中心、河北省机器人感知与人机融合重点实验室等多个省部级科研平台，为本学科群建设提供了坚实的平台支撑。

4. 特色鲜明的研究领域和研究优势

本学科群在创新设计与技术创新方法、电工装备工程设计与可靠性、高性能金属材料、特种机器人、化工节能装备、新能源装备等方面形成了特色研究领域和研究优势，具体见表3。2011年至今，本学科群已承担纵向及横向科研项目2000余项，获国家级、省部级科技奖励多项。

在机械产品创新设计理论及工程应用方面，建立了自主理论体系C-TRIZ及适合中国企业创新工程师培养需求的推广应用模型，协助企业申请专利1100余项，创造经济效益数亿元；获得中国产学研合作创新奖、河北省科技进步一等奖；学术带头人檀润华教授获得世界TRIZ领域最高荣誉阿奇舒勒勋章，建成了国家技术创新方法与实施工具工程技术研究中心。

在电气设备可靠性理论与工程应用方面，开辟了电器可靠性研究方向，负责起草了8部可靠性国家标准；提出了电器试验测控新技术，实现试验动态过程的实时在线监测和故障直接诊断，研制的试验设备在我国低压电器行业骨干企业应用面达70%，为国家有关电器质量监督检验中心及电器行业多家龙头企业建立了可靠性实验室；获得国家科技进步二等奖3项；学术带头人陆俭国教授获得何梁何利科学与技术奖，建成了省部共建电工装备可靠性与智能化国家重点实验室。

在单晶硅太阳能电池材料先进制备技术及应用方面，发明了先进的大尺寸、高性能、低缺陷半导体单晶硅太阳能电池材料制备技术及装备技术，该成果成功孵化出河北晶龙实业集团，成为全球最大的光伏企业之一；获得河北省突出贡献奖等多项省部级科技奖励；晶龙集团与河北工业大学产学研合作工作被评为全国产学研成功案例100例之一。

在极大规模集成电路平坦化工艺及材料方面，面向极大规模集成电路多层铜布线平坦化材料及工艺需求，有效解决了采用酸性化学机械抛光的粗糙度大、碟形坑大、难清洗等世界性行业难题，成果已在中芯国际等数十家企业得到应用；"极大规模集成电路制造装备及成套工艺"国家02重大专项项目顺利通过验收，并成功申请国家02专项二期"20-14nm集成电路碱性抛光液与清洗液的研发"引领项目。

在生态环境功能材料先进制备技术及应用方面，攻克了电气石、海泡石等典型无机非金属矿物材料的节能环保功能化、固废资源化与材料化等技术难关，形成了多项国际领先的科研成果；申报的"环保非金属矿物功能材料制备技术及应用研究"项目 2017 年获"十三五"国家重点研发计划立项支持；建成了生态环境与信息特种功能材料教育部重点实验室，工信部与河北省共建的固废资源利用与生态发展创新中心。

在特殊环境机器人方面，针对灾后救援、核电在役检测、危险品储罐在役监测与维护、卫星柔性装配、建筑施工智能化、智能康复等特殊与高危行业急需解决的重要基础理论与方法、关键技术等问题，攻克了面向危险品的嗅、视、听融合识别技术、机器人耐辐照技术、机器人柔性关节与柔性作业技术等；获得了国家 863 计划、国家自然科学基金、国家科技支撑计划、国家 709 计划等多项国家级项目支持；成果在中石化、广核集团、中航工业集团、河北建工集团等大型企业实现了示范应用和产业化推广，创造了经济效益数十亿元。

在绿色高效分离过程集成技术装备方面，首创了具有自主知识产权的大通量高效立体传质塔板技术，填补了国内外关于立体喷射型塔板理论研究的空白，达到国际领先水平；成果已在石化、制药等行业 300 余家大中型企业成功应用，并推广到古巴、印度等国的化工企业，近五年累计新增销售额超过 300 亿元；获得国家科技进步二等奖、河北省技术发明一等奖；学术带头人李春利教授荣获侯德榜化工科技成就奖，建成化工节能过程集成与资源利用国家地方联合工程实验室。

在建筑能源系统优化控制技术及应用方面，基于可再生能源有效利用的多能耦合建筑供能技术以及建筑能源系统优化控制技术，突破了建筑供能系统能源高效利用的系列关键技术，开发的智慧热网系统已应用到全国 16 个省份，供热面积超过 2 亿平方米，每年节能量达 20 万吨标准煤以上，减少二氧化碳排放 70 万吨以上，取得了显著的节能效果。

表3　学科研究领域和研究优势

学科方向	优势特色
先进设计理论与方法	建立了我国自主的 C-TRIZ 理论体系；建立了集计算反求、快速分析、创新设计、工程优化设计和可靠性评价为一体的先进设计理论与方法体系；最早开展电工装备可靠性研究工作的单位之一；建有国家技术创新方法与实施工具工程技术研究中心、省部共建电工装备可靠性与智能化国家重点实验室等国家和省部级平台
先进材料设计与制备	创建了国内高校首个 12 英寸 CMP 研发中心；开发了具有新型光电特性的无机或复合物薄膜结构与器件，广泛用于高性能照明与光电传感器等领域；半导体单晶硅太阳能电池材料制备及装备技术为我国光伏产业发展提供了核心竞争力；建有天津市电子材料与器件重点实验室、材料层状复合技术及应用重点实验室等省部级平台

续表

学科方向	优势特色
智能感知与控制	开发了特种作业机器人皮肤触觉传感器,以及特殊环境下视觉与声源检测、柔性操作等特色控制关键技术;形成了电工装备智能运行及控制理论,研究水平居国内先进地位;数控装备集成测控系统研究成果广泛应用于航空航天、汽车、船舶、生物医学诊疗装备等众多行业;建有省部共建电工装备可靠性与智能化国家重点实验室、智能康复装置与检测技术教育部工程研究中心、河北省智能传感与人机融合重点实验室等国家和省部级平台
先进装备系统集成	特种机器人的新型结构、精准控制、高效信息处理以及特种作业方法等关键技术研究处于国内领先地位;核电站服务机器人、石油化工行业危险作业机器人、灾害救援机器人、智能康复机器人、绿色高效分离过程集成技术装备的研究及应用,促进了特殊环境机器人、化工产业转型升级,形成了区域行业特色鲜明的优势方向;建有河北省智能化建筑施工装备协同创新中心、智能康复装置与检测技术教育部工程研究中心室等省部级平台

(四) 建设内容

1. 人才培养

将人才培养作为一流学科建设的核心工作,坚持立德树人,坚持以学生为中心,把促进学生的全面发展作为衡量人才培养水平的根本标准。

(1) 构建高层次创新创业人才培养体系。健全学科创新创业教育课程体系,丰富本科生创新创业类课程,强化创新创业实践,构建起课堂教学、自主学习、实践锻炼、指导帮扶、文化引领融为一体的创新创业教育体系,将创新创业教育融入教育教学全过程。加强与京津冀区域企事业单位和国内外知名高校合作,建立校企、校校协同育人机制。

(2) 优化调整专业。根据学科群建设内容,结合"新工科"建设,设置新的本科专业(专业方向),科学制定培养方案,开发专业课程和教材,配齐配强教师队伍。优化现有学科布局和专业结构,实施大类招生选拔机制,提高学生专业选择自由度。进一步调整学科群所覆盖的电气工程及其自动化、金属材料工程、机械设计制造及其自动化、测控技术与仪器等专业设置和专业定位,突出专业交叉融合,建设先进装备技术、人工智能、智能制造等专业;将智能创新设计、高性能材料及器件、智能感知与检测、机器人机构设计与系统集成等技术的最新发展和实践引入教学过程,按照工程逻辑,构建学习成果导向的课程模块和教学内容;推进信息技术和教育教学深度融合,充分利用虚拟仿真等技术创新工程实践教学方式,提高教学的互动性、智能化和个性化水平,形成以学生为中心的工程教育模式,培养学生的设计思维、工程思维、批判性思维、数字化思维和工程技术创新能力。

（3）严控教学质量。严格教师管理，实施教师准入制度和挂牌上课制度，建立课程建设与评估长效机制，增加课程挑战度和训练量，加强课程教学过程考核，实施教考分离，全面提升课程教学质量。

（4）深化研究生培养机制改革。进一步优化学位点布局，扩大研究生特别是博士研究生培养规模；积极推进研究生分类培养，开展学科交叉研究生培养；打破导师资格终身制，实施导师招生年度申请审核制。引入学科群研究前沿的国内外高水平专家学者成立导师组，开展研究生联合培养，提升研究生培养的国际化水平。

（5）提高生源质量。实施本科生生源工程，加强优秀生源基地建设，持续提升本科生生源质量；加大研究生资助力度，增强研究生招生吸引力，充分发挥学科教师在研究生招生中对考生学术能力、学术志趣、发展潜力的评价和决定作用，切实提高研究生生源质量。

2. 科学研究

以知识创新和技术突破为导向，加强一流学科科研平台建设，创新科研组织方式，改革科研评价方法，着力提高学科群科研规模和质量。

（1）加强学科群高水平科研平台建设。围绕学科群四个学科方向，加快建设先进装备工程与技术创新平台、材料测试分析中心等一批高水平创新平台。

（2）大力实施重大科研项目和标志性成果培育工程。凝练科学研究方向，抓好前期基础研究，抓好重点研发计划、基金申报工作，抓好重大项目的组织工作和科研基地建设，在先进装备工程与技术各研究方向催生一批标志性成果，快速提升学科群科学研究的水平。

（3）改革科研评价方法。建立以科研成果的科技创新质量和实际贡献为导向的科研评价机制。针对研究人员、创新团队、平台基地、研究项目等不同对象，基础研究、应用研究、技术转移、成果转化等不同工作的特点，制定科学的分类评价标准。

3. 社会服务

抓牢用好京津冀协同发展等重大战略机遇，发挥好一流学科的人才和科技优势，服务国家和区域经济社会发展。

（1）搭建校地合作产业技术创新平台。根据京津冀空间和功能规划，在区域内布局建设一批工业技术研究院分院，在校内建设若干个服务区域产业发展的重点科技平台，开展产业关键共性技术研究，助推产业转型升级和战略性新兴产业发展。

（2）深化产学研合作。鼓励教师到有关行业重点企业开展合作研究和科技兼职，遴选企业专家兼任校外导师，通过联合培养研究生、共建实验室、联合开展重大项目研究等方式深化产学研合作，服务企业快速提升技术水平。

（3）健全科研成果转化机制。建立职业化的成果转化团队，构建技术转移网络平台，创新技术转移转化模式，实现科技成果与地方和企业的有效对接转化。

4. 师资队伍建设

坚持以人为本、引育并举，努力构建一支由若干活跃在相关行业和国际学术舞台上的领军人才和一批优秀的青年杰出人才构成的人才队伍，为一流学科建设提供有力的人才支撑。

（1）加强高水平人才引进和培养。大力实施"元光学者"人才建设工程，千方百计联系优秀人才、吸引优秀人才，千方百计服务好新进教师，建设一支由院士、领军人才、青年杰出人才和青年骨干学者组成的高水平人才团队。

（2）大力实施科技创新团队培育工程。依托重点科技平台、重大科技项目、重大产学研合作项目，重点培育多个能够直接服务相关产业发展、承担重大项目、产生重大成果的创新团队。

（3）加大引智工作力度。加强与京津冀高校的交流与合作，提高外籍专家等智力资源的共享水平，积极申报外籍高端专家项目，邀请国外知名专家学者来校工作或讲学。

（4）完善教师管理机制。建立"标准明确、权责清晰、评价公正、流动有序"的教师管理机制。建立教师分类管理制度。完善绩效考核分配办法，加大对高端人才的全方位重点支持。

5. 文化传承创新

传承弘扬"工学并举"办学特色，将"工艺非学不兴，学非工艺不显""既习其理、又习其器""教学科研生产一体化""理论与实践、办学与兴工、立校与报国"的办学理念融入学科建设的各方面、全过程，突显工大特色文化，发挥好文化育人作用，以文化引领、凝聚一流学科建设的强大能量。积极开展多种形式的学术、文化活动，着力营求真务实、尊师笃学、崇尚学术的校园文化氛围。完善科研学术规范，加强师生学术道德和学术规范教育，引导教师潜心教书育人，培育优良校风、教风和学风，彰显大学精神。

6. 国际交流与合作

与国外知名院校在智能、健康、环境领域开展高层次合作办学。积极主办、承办高水平国际学术会议和学术交流活动。加大专任教师特别是中青年教师出国学习、交流支持力度。加强学生国际交流，支持在校学生赴国外学习深造或短期交流，推进来华留学生教育工作。

学科各项建设内容的进度安排见表4。

表4 学科建设进度安排

时间	工作进展
2017—2018年	开展一流本科教育，加强新工科专业建设；优化资源配置，加强重点科技平台和团队建设，建立实施科研分类评价制度；与特种作业机器人、电工装备、新能源装备的行业龙头企业建立深层次合作关系；建立健全人才引进工作机制，加大人才引进工作力度
2018—2019年	丰富完善新工科专业课程体系，建成多个校企协同育人基地，培育一批学生创新创业团队或社团；加强重点科技平台建设，建设多个重点科研基地；实现一批教师在企业科技兼职和企业专家兼任校外导师，建立一支职业化的成果转化队伍；持续推进人才引进工作，建立实施教师分类管理制度
2019—2020年	基本构建起具有"工学并举"办学特色的创新创业教育体系，申报国家级教学基地及国家级教学成果奖；建成多个高水平团队，产出一批具有国际先进水平的研究成果；基本建成覆盖区域主要区市的技术创新平台网络；持续推进人才引进工作，初步建成由顶尖人才、高端人才和优秀青年人才组成的学术梯队

（五）预期成效

1. 学科水平方面

学科群建设实现阶段发展目标，为河北省、天津市传统产业升级及先进装备制造等战略性新兴产业发展提供重要科技和智力支撑；主要依托学科领域进入ESI学科排名前1%；在创新设计、微电子技术与材料制备、特种作业机器人、绿色节能装备等领域形成本校独有的特色和优势。

2. 人才培养方面

构建和完善跨学科专业创新人才培养机制，实现校企、校校协同育人；显著提升该学科专业本科生、研究生的社会责任感、创新精神、创业意识、实践能力和创新创业能力，持续提升学生进入国内外名校深造或进入国内外一流企业或科研院所工作的比例；实现教育部示范性虚拟仿真实验教学项目及国家级教学成果奖的新突破，新增高等教育实践竞赛及创新创业奖励数十项。

3. 科学研究方面

充分发挥多学科交叉优势，突破一批先进装备工程与技术学科群的基础理论和关键技术；现有国家级和省部级科研基地得到进一步发展，研究能力与水平得到整体提升，着力打造1个国家重点实验室（工程技术研究中心），申报多项国家重大科技项目，实现国家级科技奖励新突破。

4. 社会服务方面

加强与河北省、天津市重点发展的先进装备产业深度融合，建成支撑产业发展的高素质人才培养基地和科技创新策源地；与重点企业、科研院所合作建设产业技术创新联盟，围绕特种机器人、智能电网设备、新能源成套设备、绿色化工技术装备等协同开展关键技术研发与系统集成工作，为行业企业创造可观经济及社会效益。

5. 教师队伍方面

新培养和引进院士、长江学者、国家杰青等人才10名左右，青年拔尖人才和青年学术骨干形成百人以上规模；建成一支能承担国家重大项目、能产出原创性研究成果、能培育高水平创新人才、具有国际学术视野的创新团队；教师队伍学历结构和年龄结构明显改善，教师队伍国际化水平明显提升；通过实施青年教师导师制培养计划、实践能力提升工程，开展教学学术社区建设、教学诊断与教学培训，显著提高教师教育教学水平、应用现代信息技术教学的能力和工程实践能力，培育一批深受学生喜爱的教学型名师；建立起师德师风建设长效机制，培养和造就有理想信念、有道德情操、有扎实学识、有仁爱之心的优秀教师队伍。

6. 国际影响方面

与国外知名院校、机构建立起长期合作与交流机制，联合开展多项高水平科技项目研究；学科国际合作办学覆盖本科生与研究生各层次；吸引更多留学生到校学习；学科优势特色方向引领国内外研究趋势，显著提高学科国际影响力。

三、学校整体建设

(一) 拟建设学科对带动学校整体建设的作用

支撑引领相关学科发展。"先进装备工程与技术"学科群能够为学校"新能源与节能环保工程与技术"、"智慧基础设施工程与技术"、"大健康工程与方法"、"先进数据工程与技术"等学科群建设提供有力的技术与智力支持。

提升学科建设整体水平。通过支持开展跨学科科研，建设跨学科科技平台，共享优质学科资源等方式，实现学科建设之间的相互支撑、相互促进，快速提升学校学科建设整体水平，推进"先进装备工程与技术"学科群进入世界一流学科行列，并带动其他部分学科接近或达到世界一流学科水平。

带动学校整体建设。依托一流学科建设，创新人才培养机制，切实提高人才培养与社会需求的契合度；创新科研组织运行模式，围绕产业链布署创新链，切实提高服务国家和区域经济社会发展的能力；加强师生国际交流与合作，切实提高学校办学国际化水平。规划建设"先进装备工程与技术"学科群，对学校传承弘扬"兴工报国"办学传统与"工学并举"办学特色，落实"全面提高办学质量、全面深化综合改革、全面推进依法治校、全面加强党的建设和全力助推京津冀协同发展"重点战略任务，加快实现高水平大学建设目标具有重要的作用。

(二) 落实建设任务和改革任务的具体政策举措

学校全面贯彻落实党的十九大精神和全国高校思想政治工作会议精神，以习近平新时代中国特色社会主义思想为指导，加强党对学校各项工作的领导，全面贯彻党的教育方针，坚持社会主义办学方向，坚持立德树人，坚持中国特色、世界一流，按照《统筹推进世界一流大学和一流学科建设总体方案》要求，制定政策举措，认真落实有关建设任务和改革任务。

1. 落实建设任务的具体政策举措

(1) 建设一流师资队伍

实施"元光学者"人才建设工程、科技创新团队培育工程、青年教师实践能力提升工程，新培养和引进多名院士、长江学者、国家杰青等国家级人才，国家优青、青年千人等青年拔尖人才和"元光学者"等学术骨干大幅增加；培育多个可直接服务冀津产业发展的高水平科技创新团队。

加强师德师风建设，建立师德建设长效机制和师德建设工作评估体系。健全以岗位绩效工资为主体、年薪制、协议工资制等并存的多元薪酬体系，完善绩效考核分配办法，加大对高端人才的重点支持。

（2）培养拔尖创新人才

坚持立德树人，以理想信念教育为核心，以社会主义核心价值观为引领，将思想政治工作贯穿教育教学全过程，构建全员、全程育人、全方位育人的大格局。

完善学科专业预警、退出管理办法，探索建立需求导向的学科专业结构和创业就业导向的人才培养类型结构调整机制，积极探索大类招生选拔机制，建设一流本科教育。持续优化专业布局，建成多个在全国具有竞争优势的品牌专业，一批特色专业；动态调整学位授权点，完善研究生跨学科培养机制，积极构建学术学位研究生、专业学位研究生分类培养模式。

构建高层次创新创业人才培养体系，积极推进"理论、实践两条主线，创新创业教育贯穿全过程"、科学基础、实践能力和人文素养融合发展的本科人才培养模式，加强大学生创新实践训练活动，全面推进实施"四个一"工程。健全人才培养质量保障与监控体系，把好教学质量关，提高人才培养质量。

（3）提升科学研究水平

实施高水平科技创新平台和创新团队建设工程，围绕国家战略目标与京津冀产业发展需求，着力打造1个国家重点实验室（工程技术研究中心），新增建设多个省部级协同创新平台。

实施重大科研项目和标志性成果培育工程。实现国家级科技奖励、Nature/Science 等刊物论文的新突破。

实施科技创新合作工程。加强与国内外高水平大学的交流与合作，推进欧盟 OIPEC 技术创新方法项目等国际、国内合作研究项目，联合主办高水平国际学术会议，开展科技信息资源共享平台建设，培育一支具有国际视野的高水平科技人才队伍。

实施军工科研创新活力增强工程。加大对军工科研的政策性引导及投入力度，加强与军工企业、科研机构的协同创新，加快军工科研成果产业化、工程化，推动军民融合深度发展。

加强宣传与引导，在校内营造浓厚的学术氛围和宽松的创新环境，保护创新、宽容失败，大力激发师生创新活力。

(4) 传承创新优秀文化

加强大学文化建设，形成推动社会进步、引领文明进程、具有特色的大学精神与大学文化。坚持将社会主义核心价值观融入学校教育教学全过程。加强科学道德和教风学风建设。进一步弘扬工大精神，完善制度建设，规范师生行为，建设形成体现社会主义核心价值观念、秉承学校传统、蕴涵学校特色、彰显学校优势、体现学校精神且师生满意的大学文化，使"工学并举"的办学特色融入广大师生的学习工作实践，使"勤慎公忠"的校训精神成为全体工大人自觉的文化追求。

(5) 着力推进成果转化

建成覆盖区域主要区市和有关产业的工业研究院创新平台，与特种作业机器人、电工装备、新能源装备的行业龙头企业、科研院所合作建设产业技术创新联盟，协同开展产业共性关键技术研发、技术集成开发工作。建设若干众创空间，推动成果转化与创新创业互动融合。

探索科技成果转移转化的有效机制与模式，将学校技术转移中心打造成运营机制灵活、专业人才集聚、服务能力突出、具有一定影响力的国家技术转移机构。

2. 落实改革任务的具体政策举措

(1) 加强和改进党对学校的领导

全面贯彻落实党的十九大精神，贯彻落实党的教育方针，坚定中国特色社会主义道路自信、理论自信、制度自信、文化自信。牢固树立"四个意识"，落实管党治党、办学治校主体责任，确保学校党委在"世界一流学科"建设中把方向、管大局、作决策、保落实，锻造"世界一流学科"建设坚强领导核心。坚持和完善党委领导下的校长负责制，改革和完善推进"世界一流学科"建设的体制机制。深入贯彻落实全国高校思想政治工作会议精神，进一步加强和改进新形势下学校宣传思想工作。引导各级党组织和广大党员用习近平新时代中国特色社会主义思想武装头脑、指导工作，有效发挥学校各级党组织战斗堡垒作用和党员先锋模范作用。严肃党内政治生活，加强党内监督，驰而不息纠正"四风"，严格执行党风廉政建设责任制，切实把党要管党、从严治党的要求落到实处。

(2) 完善内部治理结构

建立健全党委领导、校长负责、教授治学、民主管理的内部治理结构。

加强以学术委员会为核心的学术管理体系建设，充分发挥学术委员会在学科建设、学术评价、学术发展和学风建设中的重要作用。完善民主管理和监督机制，拓宽教职工参与学校管理的渠道，积极探索师生代表参与学校决策的机制。完善学校信息公开制度，保障教职工、学生、社会公众对学校重大事项、重要制度的知情权。

（3）实现关键环节突破

加快推进人才培养体制改革，建立校企、校校协同育人机制。建立社会导师制，支持学生实地参加专业性实习实践。加强与区域其他高校的合作，实施多种形式的联合办学。

加快推进人事制度改革，科学设置教师岗位，强化岗位聘任、分类管理和考核，逐步形成合理的教师流动和淘汰机制。落实人才优先发展战略，制定高端人才培养引进专项计划和倾斜支持政策，形成具有竞争力的人才制度优势。

加快推进科研体制机制改革，建立以科研成果的科技创新质量和实际贡献为导向的科研评价机制。努力构建"基础创新-技术创新-创新成果推广-创新产业孵化"的科技创新链。完善促进成果转化的业绩考评与收益分配制度。健全科研经费管理责任制、风险防控机制和监督体系，有效规范科研经费的使用。

完善专项经费管理办法，加强经费使用的统筹协调，引导经费更多用于师资队伍建设、人才培养，提高经费使用效益。

（4）构建社会参与机制

坚持面向社会依法自主办学，加快建立健全社会支持和监督学校发展的长效机制。建立健全学校理事会制度。加强与行业企业、科研院所、社会团体密切合作，促进资源共享。推动建立资源募集和规范使用机制。积极引入专门机构对学校的学科、专业、课程等水平和质量进行评估。

（5）推进国际交流合作

完善学校国际交流与合作工作机制，强化学院在国际交流合作、合作办学和留学生教育等工作中的作用。加强与国际高水平大学和学术机构的实质性合作，组织教师与国外大学、研究机构开展合作研究。营造良好的国际化教学科研环境，吸引更多留学生和交换生到校学习。加强与京津冀高校的交流合作，提高外籍专家教师等智力资源的共享水平。积极邀请国外知名专家学者来校工作或讲学，积极参与国际教育教学评估和认证。

（三）推动建设学科发展的具体政策举措及进度安排

1. 创新建设机制

组建跨学院、跨学科的"先进装备工程与技术"学科群建设团队，设立一流学科建设"政策特区"，赋予团队充分的人才队伍建设、资源调配使用、内部管理激励、外部交流合作等权力。学校将一流学科建设成效作为考核建设团队和相关学院、学科工作业绩的主要依据。

2. 加大资金投入

统筹用好国家、河北省与学校资金，学校按规定可以自主使用的有关资金，加大一流学科建设投入，重点用于人才培养、师资队伍建设、科技平台建设、校园文化建设、国际交流与合作等方面，切实提高资金使用效益。

3. 加强人才引育

加大人才定向引育工作力度，围绕"先进装备工程与技术"学科群建设需要，发挥好学校人才工作领导小组、办公室和相关学院的作用，强化领导、明确职责、加强协调，聚全校之力，加强对院士、长江学者、国家杰青、国家优青、青年千人等高水平人才和学术骨干的培养和引进。

4. 营造良好氛围

把一流学科建设作为学校各项工作的重中之重来抓，及时报道一流学科建设成果，表彰一流学科建设先进团队和个人，在全校形成人人关心、人人服务一流学科建设的良好氛围。

（四）相关体制机制建设

1. 加强组织管理

成立河北工业大学一流学科建设领导小组，负责学校学科建设规划、统筹协调、经费投入等重要事项决策。学校办公室、发展规划部、财务处等部门负责完善经费投入、绩效评价和资金管理等具体配套制度和办法，加强组织管理，注重工作实效，有序部署、加快推进学校一流学科建设工作。一流学科建设日常工作由学校发展规划部承担。

2. 健全自我评价调整机制

完善政策配套，优化绩效评价与激励约束机制，健全自我评价调整机制。结合第三方评价和学校每年组织的自评，对建设过程进行动态监测与评价，根据评价结果、资金使用管理及区域产业结构调整等情况，动态调整学科建设内容、各学科方向及研究方向的支持力度，增强建设的有效性。

3. 优化资金筹集与资源配置机制

完善政府、社会、学校等多元投入机制，增强学校按规定统筹安排经费的能力。完善经费使用管理方式，根据实际建设成效实施重点支持、精准支持和差别化支持等举措，用足用好国家和河北省支持学校"双一流"建设的各类专项资金，提高资金使用效率。

《燕山大学一流大学和一流学科建设方案（试行）》

燕大校字〔2016〕169 号

为贯彻落实国务院《统筹推进世界一流大学和一流学科建设总体方案》（国发〔2015〕64 号）和《河北省人民政府关于统筹推进一流大学和一流学科建设的意见》（冀政发〔2016〕22 号）精神，推进我校一流大学和一流学科建设（以下简称"双一流"），结合学校实际，特制定本方案。

一、总体思路

面向世界科技前沿，面向国家重大需求，面向国民经济主战场，坚持以中国特色、世界一流为核心，以立德树人为根本，按照"统筹规划，分层建设；扶优扶强，目标一流；绩效考核，动态调整"的建设思路，加强顶层设计，创新学科建设管理体制和评价机制，充分调动和发挥学院及学科的积极性、主动性和创造性，建设一流师资队伍，培养拔尖创新人才，提升科学研究水平，提高服务社会能力，加强国际合作，逐步将一批优势特色学科建设成为世界一流学科或国内一流学科，将燕山大学建设成为一流大学。

二、建设范围和目标

我校"双一流"建设五年一个周期，2016—2020 年为第一个建设周期。建设范围包括所有博士、硕士学位授权学科，实施分层建设，分为"重点建设学科"和"扶持发展学科"。重点建设学科涵盖所有博士学位授权点，扶持发展学科涵盖其他所有硕士学位授权点。每个学科所属层次，在一个建设周期内相对稳定，一个建设期满，根据绩效考核结果进行动态调整。

（一）重点建设学科

第一个建设周期内，重点建设学科分三个层次。第一层次建设机械工程、材料科学与工程 2 个"重中之重"学科；第二层次建设控制科学与工程、化学工程与技术、计算机科学与技术、管理科学与工程、电气工程 5 个"重点提升"学科；第三层次建设仪器科学与技术、电子科学与技术、光学工程、软件工程、力学、物理学 6 个"重点培育"学科。

（二）扶持发展学科

所有硕士学位授权学科和专业学位授权点纳入扶持发展学科进行建设，不断提高人才培养质量和学科发展水平，力争若干学科增列博士学位授权点，部分学科达到国内或省内一流学科水平。

——到 2020 年，第一层次学科达到世界一流学科水平，第二层次学科达到国内一流学科水平，第三层次学科建成省内一流学科。学校整体进入国家"世界一流学科"建设常态支持行列。

——到 2030 年，第一层次学科稳步提升在世界一流学科中的位次，第二层次学科跻身世界一流学科建设行列，第三层次学科达到国内一流学科水平，学校整体达到国内一流大学水平。

——到本世纪中叶，第一层次学科进入世界一流学科前列，第二层次学科跻身世界一流学科行列，第三层次学科进入国内一流学科前列，学校整体达到或接近世界一流大学水平。

三、建设任务

（一）实施人才强校战略，建设一流师资队伍

实施人才强校战略，强化高层次人才的支撑引领作用，加快培养和引进一批活跃在国际学术前沿、能够满足国家重大战略需求的一流科学家、学术领军人物和创新团队。建立宽松开放的政策机制，创新人事分配制度，改革资源分配机制，向二级学院放权，为人才松绑，提供促进人才快速成长的制度保

障。在人才引进方面，着力引进国内外顶尖学者，集聚世界优秀人才；在人才培养方面，遵循教师成长发展规律，营造团队协作氛围，优化中青年教师成长发展、脱颖而出的制度环境，培育跨学科、跨领域的创新团队，增强人才队伍可持续发展能力。

（二）加强创新创业引导，提高人才培养质量

坚持立德树人，突出人才培养的核心地位，着力培养具有社会责任感、创新精神和实践能力的各类创新型、应用型、复合型优秀人才。全面提升学生的综合素质、创新能力、实践能力和国际交流能力。全力引导学生积极投身大众创业，万众创新。进一步加强基于 OBE 的工程教育模式改革，大幅提升学生的国际视野和国际竞争力。完善教学质量监控保障体系，将学生成长成才作为出发点和落脚点，建立导向正确、科学有效、简明清晰的评价体系。

（三）聚焦前沿重大课题，提升科学研究水平

以世界科技发展前沿和国家重大需求为导向，推动加强战略性、全局性、前瞻性问题研究，着力提升解决重大问题能力和原始创新能力，提高基础研究水平与应用研究能力，争做国际学术前沿并行者乃至领跑者，为经济社会发展和国家战略实施作出贡献。

（四）推进科技成果转化，服务经济社会发展

面向行业发展和经济建设主战场，深化产教融合，将"双一流"建设与推动经济社会发展紧密结合，着力提高学校对产业转型升级和地方经济发展的贡献率。促进学校学科、人才、科研与产业互动，打通基础研究、应用开发、成果转移与产业化的快车道。强化科技与经济对接、创新项目与现实生产力对接、创新成果与产业对接，推动重大科学创新、关键技术突破转变为先进生产力，增强学校创新资源对经济社会发展的驱动作用。

（五）加强国际合作交流，提升国际办学地位

加强与世界一流大学和学术机构的实质性合作，将国外优质教育资源有效融合到学校教学科研全过程，开展高水平人才联合培养和科学研究联合攻关。加强国际协同创新，积极参与或牵头组织国际和区域性重大科学计划和科

学工程。营造良好的国际化教学科研环境，增强对外籍优秀教师和优质留学生的吸引力。响应国家"一带一路"倡议，抓住机遇，积极开展沿线国家文化、语言和商贸方面的研究，拓展与沿线国家交流合作，扩大学校的国际区域影响力和知名度。加速提升学校国际化办学水平。

（六）传承创新优秀文化，培养严谨教风学风

加强大学文化建设，把社会主义核心价值观融入教育教学全过程，加强对中华优秀传统文化和社会主义核心价值观的研究、宣传。弘扬艰苦奋斗、严谨治学、求实创新的燕大精神，坚持燕大精神自信和工程自信。引导教师潜心教书、用心育人、全心治学，引导广大青年学生勤奋修德、明辨笃实，形成优良的教风和学风。

四、建设措施

（一）制定学科发展规划

学校每个一级学科每五年编制一次发展规划。第一个建设周期，根据《燕山大学"十三五"发展规划》，制定2016—2020年学科发展规划。分析学校学科现状，明确建设目标，确定建设任务与建设措施。

制定学科发展规划的重点任务之一是凝练学科发展方向。在保持我校学科特色和优势的基础上，面向世界科技前沿、国家重大需求和经济建设主战场，精心谋划学科发展方向，鼓励交叉融合，培育新的学科增长点。

（二）引进高水平领军人才和青年拔尖人才

根据《燕山大学高层次人才引进及培养暂行规定》（修订）（燕大校字〔2016〕97号）等人才队伍建设有关规章制度，加快引进与培养一批高层次领军人才，特别是要注重引进具有海外留学经历的青年拔尖人才。人才引进要依照学科发展规划，重"质"保"量"，加大人才引进体量，优化学缘结构。引进人才的研究方向要与学科发展规划中的学科发展方向相符，并且能够归属于某一科研团队。

理工类学科人才引进经费占学科建设总经费的比例不低于30%，人文社科类学科人才引进经费占学科建设总经费的比例不低于15%，上不封顶。全

校所有人才引进经费从各学科建设经费中提取，由人事处统筹使用。原则上各学科人才引进使用各自的学科经费，但为了鼓励学科加大人才引进力度，对重点人才的引进，当本学科经费不足时，学校可统筹分配其他学科人才引进剩余经费。

（三）建设高水平公共科研平台

围绕学科发展规划中的学科研究方向，搭建公共科研平台。公共科研平台建设应瞄准学科国际前沿，综合集成，优化配置，逐步培育建设新的国家级重点实验室及工程研究中心。鼓励学院间、学科间协同合作，建立交叉融合、资源共享的公共科研平台。公共科研平台建设要充分利用现有实验室资源，通过改造扩容，提升房屋使用率。公共科研平台设备采购和资金需求计划纳入学科发展规划范畴，按照轻重缓急分年度分层次规划。

理工类学科公共科研平台建设经费占学科建设总经费的30%左右，人文社科类学科公共科研平台建设经费占学科建设总经费的15%左右。此项工作学院和学科负主体责任，拥有决策权和经费调配权，研究生院、科学技术研究院、社会科学处、实验室与资产管理处、计划财务处等配合做好服务保障工作。

（四）鼓励以团队形式开展科学研究

围绕学科发展规划中的学科研究方向，鼓励各学科组建高质量科研团队。团队建设的目的在于引导和培育团队合作模式，培育和产出重大科研成果。在团队组建、考核、经费使用和管理等方面提出明确要求。团队组建实行遴选-审核制，在合作基础、团队规模、年龄、职称、学缘结构和建设任务等方面明确标准，定期开展绩效考核，实施动态管理。

团队建设经费占学科建设总经费的20%左右。各学院制定团队建设和管理办法，负责团队的遴选、建设、考核管理等工作。

（五）深化本科生培养模式改革

以教学公共实验平台建设为切入点和抓手，深化教育教学改革，加强质量工程项目建设，运用OBE、CDIO等先进教育理念，深化专业内涵建设，建立校内评估体系，强化工程技术人才培养的认证导向，健全专业人才培养体系，推进"卓越计划"，深化创新创业教育改革。

理工类学科本科教学经费占学科建设总经费的 10% 左右，人文社科类学科本科教学经费占学科建设总经费的 30% 左右。此项工作学院与学科负主体责任，教务处做好宏观指导和服务保障工作。

（六）深化研究生教育综合改革

加强研究生课程体系建设，分类推进研究生培养模式改革。促进课程学习和科研训练的有机结合，提升学术学位研究生科研创新能力。完善实践基地建设，提升专业学位研究生实践能力。强化研究生指导教师责任意识，加强导师培训。资助和奖励研究生参加高水平学科竞赛。健全内外结合的研究生培养全过程质量监督与评价体系，加强过程管理，严把培养出口关。

理工类学科研究生教育经费占学科建设总经费的 5% 左右，人文社科类学科研究生教育经费占学科建设总经费的 15% 左右。此项工作学院与学科负主体责任，研究生院做好宏观指导和服务保障工作。

（七）扩大国际合作与交流

着力实施世界一流学科合作伙伴计划，加强与世界高水平大学和学术机构的长期、稳定、实质性合作，聘请国外优秀学者到校开展科学研究和教学工作。支持主办或承办国际性的学术会议，努力扩大学校的国际学术影响。资助研究生在学期间参与国际学术交流，提升研究生国际视野与素质。鼓励和支持教师在高水平国际学术或行业组织任职，担任国际期刊编委。选派青年骨干教师赴境外访学，开展学术交流，参加重要国际学术会议。鼓励教师参与国际科技合作，争取并承担国际框架和国际组织的科研项目。扩大留学生招生规模，提高教师海外经历人数比例和研究生在学期间具有海外学习经历的人数比例，鼓励学生毕业后赴境外深造，营造浓厚的国际化办学氛围。

按照"一带一路"所倡导的双边、多边合作机制，区域和次区域合作理念，积极探索与沿线国家大学合作申办孔子学院或孔子课堂等多种形式的多边"区域联盟合作"。

国际合作与交流占学科建设总经费的 5% 左右。此项工作学院与学科负主体责任，国际合作处做好规划指导和服务保障工作。

（八）加快科技成果转化

促进科技成果和人才优势转化为服务国家和区域发展的有效力量。启动科技成果转化类项目，资助实验室成果转化成应用技术。促进产学研深度融合，与重点行业企业共建，打造技术转移高效平台，将优势学科与优势产业捆绑。加大科技体制机制改革，完善科研组织方式，提高校内科技资源的使用效益。将创新创业教育与促进科技成果转化相结合，支持学生创业团队转化学校专利成果。

（九）完善公共文献数据服务体系

按照集中投入、统一管理、开放公用的原则，着力构建安全、共享、高速、实用的高水平公共服务平台。购买教学、科研所需大型重要数据库，构建优质的文献信息保障体系，完善数字图书馆建设。从"双一流"建设经费中每年划拨 200 万元用于公共文献数据服务体系建设，由学校图书馆统筹使用。

（十）加强绩效考核与动态调整

以学科发展规划为基础，对于学科建设总体情况，人才引进、学生培养、团队建设、成果转化、国际合作与交流等方面的建设情况实行考核，根据考核结果动态调整学科建设经费分配额度，并将学院的"双一流"建设情况纳入校院两级管理考评体系。

五、保障措施

（一）组织保障

成立以书记、校长为组长，主管学科建设的副校长为副组长，其他校领导为成员的"燕山大学一流大学和一流学科建设领导小组"（以下简称"双一流"建设领导小组）。下设办公室，办公室主任由研究生院院长担任，办公室成员由研究生院、计划财务处、科学技术研究院、人事处、教务处、实验室与资产管理处、国际合作处、招生就业处、社会科学处、学生工作处、高等教育发展研究中心、图书馆等相关部门负责人和各相关学院院长组成。

领导小组负责总体建设方案的审核批准，经费分配方案，重大变更的审批以及重要事项的决策等。办公室主要负责建设方案的论证、落实，以及各项具体政策的制定、协调、推进与执行等工作。

(二) 经费保障

学校统筹河北省"双一流"建设专项资金，中央财政支持地方高校发展专项资金，河北省强势特色学科、重点学科建设经费，河北省国家重点学科培育项目经费等资金，合并支持我校"双一流"建设方案的实施。按照"分层建设、扶优扶强、绩效考核、动态调整"的原则，总经费除人才引进、公共文献数据服务体系建设经费以外，其余经费分年度划拨到学院和学科，由学院规划使用。

(三) 制度保障

各相关学院和职能部门依据本方案，围绕人才引进、团队建设、学生培养、国际合作与交流、科技成果转化等方面制定政策。改革现有人事和资源分配体制，从资金划分，招生数量，职称评定，岗位晋级，编制设置等方面完善配套规章制度。

六、其他

本方案未尽事宜由燕山大学"双一流"建设领导小组研究确定。本方案由研究生院负责解释。

后　　记

河北省虽在地理位置上处于我国东部地区，但在高等教育区域分布上却常常被划分为中部地区，其中最重要的原因与其高等教育实力偏弱密切相关。作为河北大学一名高等教育研究工作者，我对河北省高等教育改革与发展，尤其是"双一流"建设背景下河北省高等教育整体实力如何提升十分关注，并以此作为自己重要的研究方向和研究兴趣，先后承担了"驻保高校优质教育资源共享机制研究""区域特色研究型大学建设研究""地方综合性大学特色办学研究""河北省建设高水平大学研究""'双一流'战略下河北省高水平大学建设研究""扭住'双一流'建设中存在问题 实现我省高等教育内涵式发展对策研究""河北省高等教育研究的现状分析与提升策略"等一系列课题，希冀为河北省高等教育事业发展，尤其是河北省高教强省建设、高等教育内涵式发展以及高等教育研究水平提升贡献一点点专业力量。

本书是我承担的河北省高等学校青年拔尖人才计划项目"河北省建设高水平大学研究"（BJ2016064）、河北省博士后科研择优资助项目"'双一流'战略下河北省高水平大学建设研究"（B2016001010）、河北省社会科学基金项目"区域特色研究型大学建设研究"（HB15JY082）、河北省社会科学基金委托项目"扭住'双一流'建设中存在问题 实现我省高等教育内涵式发展对策研究"（HB2017WT035）的研究成果。与其说本书是这些课题的最终研究成果，倒不如说是我近几年带领研究团队对这一研究领域相关成果的一次系统梳理与集中呈现。本书以"双一流"战略为时代背景，以河北省为个案，在与其他高等教育发达省份进行比较的基础上，重点探讨河北省深入推进"双一流"建设的现状、问题及对策。

本书主体按照逻辑顺序分为四大部分：第一部分是导言，介绍了本书的选题缘由、理论基础、研究思路、研究方法等；第二部分是第一编理论维度，围绕"双一流"战略下地方政府竞争与地方高水平大学建设展开分析；第三部分是第二编实践维度，重点探讨河北省"双一流"建设中存在的问题与对策；第四部分是第三编学科维度，基于高等教育研究对高等教育改革与发展具有重要推动作用，主要探讨河北省高等教育研究的现状与提升策略。另外，本书附录呈现了国家、河北省和高校3个层面的政策文本，从中可以看到"双一流"建设在国家、省级政府、不同类型高校之间的联系与差异。本书由李明忠负责全面构思、制定框架、组织协调、统阅全稿等工作，褚照锋做了一些辅助工作，团队成员分工合作研究完成。具体分工如下：导论（李明忠）；第一章（褚照锋）；第二章（李明忠、魏丽颖）；第三章至第五章（李明忠、焦运红、李盼盼、王志杰、杨蕾）；第六章（梁燕莹）；第七章（李明忠、李静）；第八章（李明忠、杨丽娜、任林芳）。

本书能够顺利出版，得到了河北大学教育学一流学科建设项目的资助以及河北大学教育学院原院长宋耀武教授、原副院长朱文富教授的大力支持，在此向他们表示诚挚的感谢！科学出版社责任编辑朱丽娜、黄雪雯老师为本书的编审、校对、出版做了大量辛勤而又严谨的工作，在此一并致谢！

李明忠
2021年8月1日